간결한 소통의 기술

브리프

brief

간결한 소통의 기술
브리프

조셉 맥코맥 지음 | 홍선영 옮김

더난출판

추천사

추천사를 부탁받았을 때,
나는 한창 내 책《스케일링 업Scaling Up》을 마무리하고 있었다.
특별한(그러면서 간결한!) 추천사를 쓰고 싶었지만
그게 얼마나 어려운지 여러분도 알 것이다.
그래서 고사하려고 했지만, 결국 마음을 고쳐먹었다.

일단 읽어보라.
바쁜 거 다 안다. 안 바쁜 사람은 없다.
간결함의 달인이 되어라. 그럼, 이제 시작하라.

- 번 하니시Verne Harnish, 가젤Gazelles 설립자이자 CEO

왜 브리프인가?

우리의 집중력은 적자 상태다. 신경 써야 할 일이 너무 많다. 때문에 브리프BRIEF, 즉 '간결함'은 꼭 필요한 덕목이 되었다. 그러나 핵심 메시지를 간결하게 전할 줄 아는 사람은 너무도 드물고, 그 결과는 참담하다. 시간 낭비, 돈 낭비, 자원 낭비뿐만이 아니다. 받아든 기획안이 무슨 소리인지 알아듣지도 못했는데 결정은 내려야 한다. 그러니 아무리 기발한 아이디어라 해도 무참히 버려지기 일쑤다. 설령 계약이 성사되더라도 일의 진전은 보이지 않는다. 잘못된 의사소통과 함께 조직 전체가 그릇된 방향으로 내몰리는 것이다.

우리는 간결함을 제대로 배워본 적이 없다. 마케팅 에이전시 셰필드Sheffield를 설립해 할리데이비슨Harley-Davison, BMO 해리스 뱅크BMO Harris Bank, 마스터카드Master Card, W. W. 그레인저W. W. Grainger 등과 함께 일해온 나도 그 사실을 잘 알고 있다. 수년간 기업과 군대를 이끌어온 리더들의 한결같은 불만을 들었기 때문이다.

그들은 수많은 메시지가 어지럽게 뒤섞인다며 내게 도움을 청한다. 장황한 프레젠테이션은 과녁을 벗어난 화살과 같다. 알아들을 수가 없으니 사람들은 제각각 다른 이야기만 하고, 배는 산으로 가버린다. 소통에 실패했으니 성과가 날 리 없다. 간결한 소통을 통한 개인의 성공과 조직의 생존, 그것이 내가 이 책을 쓴 이유다.

정보 과잉 시대를 사는 우리는 눈코 뜰 새 없이 바쁘다. 그러니 성공하고 싶다면 지금 당장 횡설수설을 멈춰라. 프레젠테이션부터 회의, 이메일, 사적인 수다까지, 말할 때나 글을 쓸 때나 마찬가지다. 최대한 빠르게 핵심을 밝혀야 한다.

ADD는 주의력결핍장애Attention Deficit Disorder의 약자로, 정보사회를 살아가는 현대인의 상징이나 마찬가지다. 그러나 나는 정반대의 시각으로 새로운 ADD를 구성했다. 인식Awareness·훈련 Discipline·결단Decisiveness, 이 3단계 과정은 간결함을 획득하고 상대방의 주의력결핍장애를 극복하는 전략이다.

간결함은 누구나 배울 수 있는 기술이다. 이를 적용하면 복잡한 메시지는 단순하게, 넘쳐나는 정보는 꼭 필요한 만큼만, 지루한 설명은 재미있는 이야기로, 어려운 말은 이해하기 쉽게, 들어주는 사람 없는 혼잣말은 알찬 대화로 바꿀 수 있다. 소통의 기술이 바뀌면 조직 전체가 바뀐다. 이 책이 소개한 단계별 전략을 그대로 따라가기만 하면 즉시 효과를 볼 수 있다.

명확하게 말하고, 효율적으로 일하라. 단 한마디면 충분하다. 준비되었는가?

그리 오래 걸리진 않을 것이다.

이 책의 개요

	Part 1 인식	Part 2 훈련	Part 3 결단	Part 4 실행
질문	왜?	어떻게?	언제, 어디서?	그래서?
제목	세상은 적게 말하는 사람을 원한다	명확하고 간결해지는 법	언제, 어디서 간결해야 할까	간결함의 원칙
주제	간결함이 왜 필요한가?	어떻게 쓰고 말할 것인가?	간결함을 실천해야 할 순간들	적을수록 좋다
내용	현대인의 집중력을 저해하는 요인과 이에 대처하는 '간결한' 자세	짧지만 두드러지게, 핵심만 임팩트 있게 전하는 간결한 소통법	회의실에서, 사무실에서, 복도에서 우리는 어떻게 말할 것인가	이 책을 덮은 뒤에도 간결함을 유지하는 방법
핵심 메시지	성공하고 싶다면 간결하게 소통하라	첫 문장이 모든 것을 말한다	누군가 당신을 지켜보고 있다	목적의식을 잃지 마라

차례

Part 4 간결함의 원칙 237
실행

Part 1

세상은 적게 말하는
사람을 원한다

인식Awareness

간결함은 왜 중요한가

너무 바빠서 집중하기 어렵다

에드라는 기업 임원을 만났을 때의 일이다. 요즘 직장인이 대개 그렇지만, 그 역시 자신이 지나치게 산만하다고 한탄하듯 털어놓았다.

"인생이나 머릿속이나 너무 복잡합니다. 종일 들들 볶이는 기분이에요. 이메일, 회의, 전화, 중간에 치고 들어오는 일들에 새로 알아야할 정보까지, 뭐가 끊이질 않습니다. 버거워 죽겠어요."

그러고는 내게 얼마 전에 겪은 일을 들려주었다. "몇 주 전에 광고업체와 아주 중요한 회의를 했습니다. 젊은 소비자를 타깃으로 한 광고를 제작하는데, 청년층은 접근성도 떨어지고 시선 끌기도 어렵거든요. 그래서 업체의 전략과 계획이 굉장히 궁금했죠."

에드는 회의를 싫어하는 사람이었다. 하지만 중요한 광고인 만큼 만반의 준비를 갖추어 참석했다. 이후 회의가 어땠느냐는 물음에 그가 답했다. "회의는 1시간 동안 진행될 예정이었습니다. 그쪽에서 파워포인트는 몇 장 안 되지만 리서치 자료와 전략을 밀도 있게 채웠다고 장담하더군요. 그런데 발표자가 슬라이드를 넘기면 넘길수록, 가능한 한 많은 내용을 꽉꽉 밀어 넣었다는 느낌만 드는 겁니다."

"간략하게 핵심만 짚으면 좋았겠지만 그러기엔 다뤄야 할 내용이 너무 많았던 모양이죠."

"그건 문제도 아니었습니다. 회의를 시작하고 5분쯤 지났을까, 주머니 속 핸드폰이 울리는 것 같았습니다. 그렇지만 그냥 유령진동일 뿐, 핸드폰은 주머니가 아니라 가방에 있었어요. 거기다 핸드폰 찾는다고 가방을 뒤지느라 프레젠테이션에는 집중도 못 했습니다. 잠깐 더 듣다가 진짜로 문자가 와서 다시 핸드폰을 확인했지요. 아내였습니다. 학자금 보조가 끝났으니 딸아이 가을학기 등록금을 보내달라더군요. 바로 답장을 했죠."

"다들 겪는 일입니다. 스마트폰을 쓰는 한 어쩔 수가 없어요." 대신 변명을 해주고 싶었지만, 에드는 자백이라도 하듯이 말을 이었다.

"맞습니다. 하지만 그때는 중요한 회의를 시작한 지 10분도 안 되었을 때였습니다. 발표자가 저에게 질문하기 시작하니 조금 초조하고 불안하기까지 하더군요. 주의 깊게 듣질 않았으니 당연하죠."

"수업시간에 딴생각하다가 선생님께 불려 나갔을 때 같군요."

"맞아요. 그래서 정신 차리고 사과를 했습니다. 편한 대로 아내 핑계를 대고는 말했죠. '다시 돌아가 봅시다.' 여전히 조금 산만하긴 했어

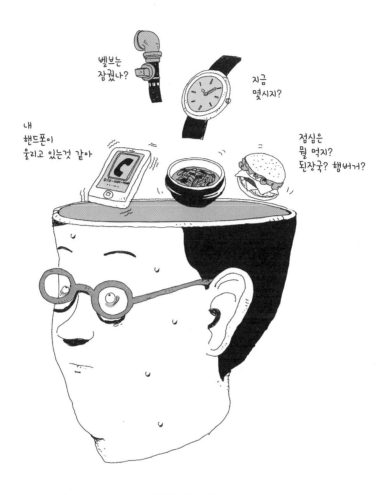

옆길로 새는 마음

시간이 흐를수록 그들의 주의력은 떨어지고 정신은 산만해진다.
일을 제대로 해야 한다.

도 광고업체의 계획과 분석에 집중하려고 애를 썼습니다. 그런데 이번에는 저희 직원이 문을 두드리지 뭡니까. 정말 중요한 일 때문에 그러니 1분만 내달라고요. 나가서 결재가 필요한 다른 프로젝트 얘기를 했습니다. 3, 4분이 지나도 끝나질 않기에 도중에 자르고 들어왔죠."

에드가 처한 상황이며 그때 느꼈을 감정을 모두 이해할 수 있었다. 이쯤 되면 일이 어떻게 끝났을지 훤히 보인다.

"자리로 돌아가 다시 한 번 사과했습니다. 다들 괜찮다고는 했지만 일에 속도는 붙지 않고 시간만 가더군요. 몇 분 더 얘기를 하다 보니 회의가 제시간에 끝날 리가 없겠다 싶었습니다. 뭐 하나 빼놓지 않고 모든 문제를 다루려드니까요. 프레젠테이션 자체가 실패한 싸움 같았습니다. 바로 그다음에 할 회의까지 걱정되기 시작했죠."

"그래서 미팅 일정을 다시 잡으셨나요?" 그 시점에서는 더 나아질 가망이 없다는 사실을 에드가 깨달았길 바라며 물었다.

"아니요. 그저 짜증만 났습니다. 왜 그런지는 모르겠지만 회의실 안에 긴장감까지 돌더군요. 처음 시작할 땐 분명 안 그랬는데, 분위기가 점점 더 예민해졌습니다."

"광고업체 사람들은 프레젠테이션을 요약해 말하고, 분위기를 바꿔보려고 하진 않던가요?"

"아니요, 그렇지도 않았습니다. 제가 얼마나 바쁜지 알면서도 50분이 지나서야 본론으로 들어갔어요. 준비만 길었지 딱 떨어지는 메시지가 없었습니다. 다들 유능한 사람이라는 건 압니다. 하지만 그 능력을 어디다 숨겨놓고 온 것 같았지요."

"그럼 누구의 잘못이었을까요?"

"누구 잘못이라 하기도 애매한 게, 이런 일이 저한텐 빈번하거든요. 더 간단하고 명확하게 진전되는 일이 없습니다. 하루하루 미진한 부분만 쌓여서 감당할 수가 없어요." 에드가 한숨을 쉬었다.

"광고업체 사람들이 당신을 조금 더 잘 다루었다면 어땠을까요?"

"저를요?" 에드가 놀란 표정으로 되묻더니 다시 생각해보고는 말했다. "그 말이 맞을지도 모르겠군요. 문자까지 확인해가면서 계속 다른 일에 신경 쓰고 집중력을 잃은 건 제 쪽이지만, 그 사람들도 조금 더 빨리 본론을 말했어야 했어요."

"에드, 당신이 살고 있는 세상은 절대로 단순해지지 않을 겁니다. 오히려 점점 더 복잡해지겠죠." 그를 조금이라도 달래주고 싶은 마음에 말을 이었다. "쉴 새 없이 밀려드는 온갖 잡무도 처리해야 하고, 전화와 이메일, 문자와 소셜 미디어도 내동댕이칠 수 없을 거고요.

광고업체든 누구든 당신과 일하는 사람들은 그 점을 알아둬야 합니다. 당신이 처한 상황에 적응하고, 더 나아가 그 상황을 주도할 줄 알아야 하죠. 광고업체 사람들은 바로 핵심을 짚었어야 합니다. 당신의 집중력을 끌어낼 방법을 찾아내지 못했으니 일을 제대로 못한 건 그쪽이죠."

메시지가 전달되지 않았다면 누구 탓인가?

에드의 사례는 기업 간부라면 누구나 매일 겪는 일이다. 이러한 상황은 누구의 잘못인가? 프레젠테이션을 듣는 이들은 보통 정보의 홍수

숨어 있는 600단어 :
머릿속 여유 공간을 관리하라

대학 동창회에서 오랜 친구들과 옛 추억을 나누는 상황을 그려보자. 친구들은 내가 벌였던 무용담을 신나게 이야기하는데, 내 마음은 갑자기 4학년 때 사귄 옛 애인과의 추억으로 떠밀려 가는 것이다. 그녀와 헤어진 뒤 고통스러웠던 나날이 머릿속에 생생하게 되살아났다. 나는 친구들의 이야기에 정신없이 웃으면서도 동시에 애인과 헤어지던 순간순간을 끊임없이 되새겼다. 머릿속에서 서로 다른 2가지 대화가 한꺼번에 흘러갔다.

함께 대화하는 상대방의 말을 들으면서 동시에 머릿속에 다른 생각을 떠올리는 현상을 '숨어 있는 600단어'라 하는데, 누구에게나 시시때때로 벌어지는 일이다. 사람은 보통 1분당 약 150개 단어를 말하지만, 두뇌는 그 5배인 750개 단어를 소화할 수 있다. 때문에 누군가 말하고 있을 때 그 자리에 있는 사람들은 (심지어 말하는 사람 자신조차도!) 1분간 600단어에 달하는 딴생각을 하게 된다. 말을 할 때든, 들을 때든 우리는 언제나 샛길로 빠질 수 있는 여유 공간을 머릿속에 갖추고 있는 셈이다. '간결함'을 강조하는 이유가 바로 여기에 있다.

숨어 있는 600단어는,

- **입 밖으로 새어 나오는 수가 있다.** 뭔가 말하고 있을 때 갑자기 다른 생각이 떠오르면, 우리는 무심코 그 생각에 대해 이야기하느라 주제에서 벗어날지도 모른다.

- **산만해지게 만든다.** 말을 하거나 듣는 동안 아무 상관없는 단어 1개나 엉뚱한 무언가가 생각나면 집중력을 잃고 이야기의 초점을 놓칠 수 있다.

- **그러니 다스려라.** 말을 할 때든, 들을 때든 우리는 숨어 있는 600단어를 제대로 관리할 책임이 있다.

750단어
— 150단어
───────────
숨어 있는 600단어

속에서 허우적대고, 툭하면 끼어드는 온갖 연락과 요청도 확인해야 하는 바쁜 사람들이다.

그들은 산만해지기도 쉽고, 시시때때로 초조해지기도 한다. 그러니 필요한 내용만 빠르고 명료하게 들려주어야 한다. 누구나 에드 같은 사람의 시선을 끌려고 노력한 적도, 같은 상황에 처해본 적도 있을 것이다. 번뜩이는 아이디어와 중요한 정보가 있을 때, 도대체 어떻게 해야 상대가 관심을 기울일까?

여러 가지 일을 동시에 해야 하는 현대인의 머릿속이 굳게 닫힌 문과 같다면, 그 열쇠는 '간결함'뿐이다. 1시간이 주어졌는데 50분을 기다렸다가 마지막 10분 동안 좋은 정보를 전달하면, 때는 이미 늦다. 1명이든 100명이든 사람들의 관심은 처음 몇 분 안에 모두 사그라진다. 시작하자마자 그들을 사로잡아라. 그러면 어떤 장애물도 당신을 가로막지 못할 것이다. 핵심은 50분이 아닌 5분 안에 짚어야 한다.

간결함이란 적게 말하면서 큰 성과를 얻는 기술이다.

핵심을 짚거나 대가를 치르거나

그러니 '간결함'을 놓치지 마라. 이는 성공과 실패를 가르는 문제다. 게다가 당신 스스로가 이미 간결하게 해내고 있다고 생각한다면 그거야말로 오산이다. 지난 20년간 수백 명의 리더와 임원 들을 만나면서, 핵심을 재빨리 짚어낼 줄 모르는 무능력이 몰고 온 재앙에 대해 수없이 들었다. 몇 가지 예를 들어보자.

1. 빼앗긴 청중

한 영관급 장교가 전달받은 전략 지침을 상관들에게 설명하기 위해 파워포인트를 사용했다. 이때 그는 자신의 프레젠테이션이 산으로 가는 광경을 멍하니 지켜봐야 했다. 사소한 데 집착하는 고위 장교가 인쇄물의 오타를 일일이 지적하느라 시간을 다 써버린 탓이었다. 청중의 관심이 자질구레한 부분에만 쏠린 것이다.

2. 쉴 새 없이 떠드는 입

젊고 전도유망한 그녀는 똑똑하고, 재능 있고, 매력적인 인물의 전형이다. 그러나 임원진 대다수가 '미래의 임원'으로 손꼽는 그녀에게도 치명적 결함이 있었으니, 바로 어디서든 입을 다무는 법이 없어서 큰 계약을 성사시키지 못한다는 것이다. 그녀는 쉬지 않는 입 때문에 고객을 상대하는 모든 업무에서 배제되었다.

3. 다 된 밥에 재 뿌리기

새로운 고객과 50만 달러 상당의 계약을 체결한 영업부장은 열의가 지나친 부하직원 때문에 경악을 금치 못했다. 직원이 그 고객에게 필요 이상의 기술을 구매한 것 같다며 온갖 이유를 들어 조목조목 설명하는 정성을 보인 것이다. 그의 말실수 때문에 계약 금액은 20만 달러로 뚝 떨어졌다.

4. 98쪽짜리 보고서

어느 홍보팀 상무가 주요 언론사에 배포할 1쪽짜리 간단한 상품 설명서를 찾았다. 그러나 홍보팀이 상무에게 제출한 것은 거의 100쪽에 달하는 PPT 파일이었다. 최선을 다한 팀원들 덕에 상무의 메일함은 가득 차고, 언론에 전할 재미있는 이야깃거리는 하나도 남지 않았다.

5. 알려지지 못한 영웅의 이야기

한 형사가 장애인 운동선수에게 도움을 준 동료 형사의 훈훈한 이야기를 주요 잡지사에 제보했다. 그러나 인터뷰하러 찾아온 기자에게 형사는 두서없이 말을 늘어놓았을 뿐, 효과적으로 전하지 못했다. 기자는 결국 그 어수선한 이야기를 잡지에 싣지 않았다.

6. 개운치 않은 자선행사

기업인 300명이 바쁜 와중에 시간을 내어 비영리단체 자선행사에 참석했다. 오찬 후 20분간 기조연설이 이어질 예정이었다. 그런데 연설자가 정해진 시간을 넘기고 1시간 가까이 떠드는 바람에 행사장은 반쯤 비어버렸고 기분 좋게 열린 행사는 매력을 잃고 말았다.

이 책이 무엇을 말하고자 하는지 알아챘는가? 요즘 같은 정보 과잉 시대에는 모든 정보를 꼼꼼히 살필 시간이 없다. 메시지를 간결하게 전달하지 않으면, 사람들은 미련 없이 관심을 거둘 것이다.

중요한 것은 시간?

간결함을 단순히 시간의 문제로 보는 것은 옳지 않다. 뉴욕에서 일하는 어느 미디어 트레이너(면접이나 프레젠테이션을 준비하는 사람들 또는 언론 노출이 잦은 연예인이나 정치인의 이미지와 화술 등을 다듬어주는 직업 – 옮긴이 주)는 내게 이렇게 귀띔해주었다. "간결하다는 것은 시간이 실제로 얼마나 걸리는가의 문제가 아닙니다. 진짜 중요한 건 듣는 사람이 얼마나 길다고 느끼는가죠."

그러니 '무조건 짧아야 한다'는 고리타분한 생각에 속지 마라. 시간을 최대한 아낄 것이 아니라 주어진 시간을 최대한 활용해야 한다.

핵심·설득·시간의 조화

모든 사람이 간결함만을 원하는 건 아니다. 매년 고등학교 3학년 우등생 1만여 명에게 총 5천만 달러의 장학금을 지급하는 내셔널 메리트 장학재단National Merit Scholarship Corporation의 이사장 팀 맥과이어Tim McGuire도 그중 한 사람이다.

"해마다 150만 명이 넘는 학생들을 만나다 보면 아주 세세한 정보까지 엄청나게 쌓입니다. 한정된 기금 때문에 아슬아슬하게 합격선에 들지 못한 수재들과도 이야기를 나누어야 하고요."

경쟁이 워낙 치열하다 보니, 학생들이 갖춘 자격이나 조건도 결국 비슷비슷해지게 마련이다.

"머리카락을 하나하나 세는 거나 마찬가지죠. 아주 사소하고 하찮은 것까지 꼼꼼히 따져봐야 하거든요."

맥과이어와 내셔널 메리트 장학재단은 완벽한 장학생을 원하는 것은 아니다. 다만 우수한 학생들 중에서 어떤 이유로 그를 뽑았는지 증명해야 할 뿐이다. 세세한 기준을 너무 많이 잘라내고 나면 후보 학생들이 최종 명단에 이름을 올릴 기회도 그만큼 줄어든다.

후보자들은 지금껏 쌓아온 이력의 세부사항을 빠짐없이 밝히면서도, 간결함의 원칙 또한 고수해야 한다. 이는 꼭 필요한 말을 명료하고, 설득력 있게 전달할 수 있도록 균형을 잡아야 한다는 뜻이다. 그리고 이 3가지 요소가 반드시 *조화롭게* 어우러져야 한다.

최종 면접에서 자신의 과거와 현재 처한 상황을 좀 더 설명해야 하는 지원자들이 있다고 하자. 그들은 자신의 강점을 부풀려 장황하게 떠들 것이 아니라, 간명하게 설명해야 한다. 꼭 필요한 이야기만 설득력 있게 전하는 것은 물론이다. 면접관은 지원자가 매력적인 청사진을 그려낼 수 있는지 알고 싶어 한다.

간결함이란 그저 짧게만 말하는 것이 아니다. 꼭 필요한 메시지를 충분히 잘 전달하여 상대의 마음을 움직여야 한다. 이것이 바로 심금을 울리는 간결함의 조화다.

간결함은 또한 필요한 말만을 의미하는 것도 아니다. 타이밍의 문제이기도 하다. 사람들의 마음을 *제때* 움직일 수 있도록 메시지를 제대로 전달하는 데 '얼마나' 걸릴지, 그 균형을 맞추는 일이야말로 우리가 반드시 해내야 할 일이다. 간결함의 조화란 정확한 화음을 '언제' 넣느냐의 문제인 것이다.

간결함은 전문성에서 나온다

간결함이란 무엇인지 본격적으로 파헤치기 전에 마지막으로 숨을 고르고 가자. 구체적이지 못하고 피상적으로 느껴질 위험을 무릅쓰고 무조건 말을 적게 하는 것이 간결함이라 오해하기 쉽다.

21세기 러닝 어드바이저21st Century Learning Advisors의 창립자이자 CEO이며,《21세기 핵심 역량21st Century Skills》의 저자인 버니 트릴링Bernie Trilling은 가벼운 간결함과 깊은 간결함이란 용어를 만들어 둘을 구별하였다.

"가벼운 간결함은 정확한 이해 없이 그저 짧게만 이야기하는 것이고, 깊은 간결함이란 관련 지식을 바탕으로 간단명료하게 말하는 것입니다."

간결함은 뛰어난 전문성에서 나온다. 빈틈없는 지식이 있어야 정확히 요약할 수 있다.

"처음엔 그 주제를 깊숙이 파고들어서 한동안 쩔쩔매가며 공부해야 합니다. 그러고 나면 깊이 있는 관점을 바탕으로 그 주제를 명료하게 설명할 수 있죠. 그렇게 핵심을 명확하게 볼 수 있을 때 말도 간결해지는 겁니다."

간결함은 그 사람이 어떻게 공부하고 익혀왔는지를 보여준다.

"간결함은 심도 있게 연구한 뒤에 갖출 수 있는, 그 사람만의 시각이자 관점입니다. 본질을 파악해야 합니다. 전체 내용을 일일이 전할 수는 없어요. 그건 듣는 사람도 나처럼 엄청난 연구와 조사를 하라는 거나 마찬가집니다."

간결하게 말하기 위해선 고된 노력과 많은 시간을 들여야 한다. 오랫동안 파헤치고 분석한 사람의 이야기를 들을 때에는 따로 노력할 필요가 없다.

쉬는 시간은 끝났다. 이제부터 게임 시작이다.

한마디로, 임원들은 바쁘다. 매일같이 쏟아지는 정보의 홍수 속에서 장황한 프레젠테이션은 길을 잃고 만다.

✔ 간결함은 시간 문제가 아니다

간결하다고 정해진 마법의 시간은 없다. 그러니 단어 개수를 세고, 시간을 재는 데 목매지 마라. 너무 많은 단어를 무작정 빨리 말하려고 서두르지도 마라. 간결함이란 압축적으로 표현하는 것이다. 어떻게 하면 적은 말로 많이 표현할 수 있을지를 생각하라.

점점 더 산만해지는 세상

스트레스에 시달리는 사람들

언젠가 기업인 대상의 코칭 전문가가 내게 말했다. "그날 일정이 다 끝나가는데 '조금 더 할 수 있습니다. 그 정도 정신력은 남아 있어요. 아직 해야 할 얘기가 더 남았는데…'라고 말하는 사람을 만나면 열이 확 올라와요."

우리는 스트레스에 시달리는 사람들 틈에서 일한다. 그러니 간단명료하게 말하고 빨리 끝내라. 그 순간 상대방의 삶은 한결 수월해지고, 그들은 당신을 기억하고 고마워할 것이다.

사람들은 땅에 안전하게 발붙이고 있을 때에만 멀쩡히 생각할 수 있다. 물에 빠졌을 때에는 나무토막 하나라도 잡으려고 허우적댈 뿐이다. 그런데 우리는 지금 정보의 바닷속에 빠져들고 있다. 가는 곳 어디에나 무수한 정보들이 밀려드는 것이 우리의 잔혹한 현실이다.

오늘날 기업 간부들은 일어나자마자 스마트폰을 손에 쥐고 문자와 이메일, 최신 정보, 스포츠와 주식, 사건사고 뉴스를 확인한다. 아침식사를 하면서도 트위터twitter와 페이스북facebook에 올라온 글을 확인하고 새 글을 올린다. 출근길에는 음악을 들으며 '휴식'을 취하면서 전화를 하고 이메일을 몇 통씩 주고받는다.

사무실에 도착하자마자 회의 일정과 더 많은 이메일과 재미있는 유튜브youtube 영상과 사보, 음성 메시지 몇 개를 확인한 뒤 사내 포털에 접속한다. 본격적인 일과는 아직 시작하지도 않았다.

304

전문직 종사자들은 1주일에 평균 304통의 이메일을 받는다.

150

사람들은 하루 평균 150번 스마트폰을 확인한다.

28

전문직 종사자들은 1주일에 평균 28시간을 이메일에 쏟아붓는다.

85

CEO는 하루 시간의 85퍼센트를 회의나 공식 행사에 쓴다.

우리가 상사 앞에 서 있을 때면 그들의 주의력은 이미 심각하게 떨어진 상태다. 회의 중에도 간부들은 더 많은 이메일과 문자, 회의, 불쑥 끼어드는 일들 때문에 핸드폰을 쉬지 않고 확인한다. 이따금 고개를 끄덕인다고 해서 우리가 그들의 주의를 끌고 제대로 설득했다는 뜻은 아니다. 그들은 그저 예의를 갖추었을 뿐이다.

적을 이기려면 먼저 적을 알아야 한다. 다음 4가지가 당신 앞을 끊임없이 막아설 것이다.

범람하는 정보
: 물이 차오른다

"소방 호스로 물 마시는 것과 마찬가지죠."

정보가 흘러넘치는 오늘날 세계를 두고 어떤 작가가 이렇게 말했다. 그리고 어느 기업 임원은 내게 그 대처 방법을 일러주었다.

"미팅이 하루에 2개씩 잡혀 있습니다. 둘 다 1시간 정도 하죠. 하나는 50분이 지나서야 핵심이 나옵니다. 그런데 그렇게 오래 버텨줄 정신력이 저에게 있을 때도 있지만, 없을 때도 있어요."

그녀는 나머지 다른 미팅에서는 10분 안에 핵심을 짚는다고 설명했다. 남은 50분 동안에는 그 명확한 주제를 두고 폭넓은 대화를 나눈다.

"첫 번째 팀은 빠르고 정확하게 해야겠다는 생각을 미처 못 하는 거죠. 두 번째 팀은 그 점을 의식하기 때문에 바로 핵심을 짚어내는 거고요. 양쪽 다 하는 이야기는 비슷했을 겁니다. 그래도 그날 저녁 때쯤

가서 보면, 다들 두 번째 회의가 좋았다고 하지, 첫 번째는 마음에 들어 하지 않습니다."

소프트웨어 개발업체인 아틀라시안Atlassian은 전문가 한 사람이 1주일 동안 평균 304통의 이메일을 받는다는 연구 결과를 내놓았다.[1] 클라이너 퍼킨스 커필드 앤 바이어스Kleiner Perkins Caufield & Byers의 '2013 인터넷 트렌드2013 Internet Trends'에 따르면 사람들은 하루에 전화기를 150번 확인한다.[2]

〈국제 커뮤니케이션 저널International Journal of Communication〉에 실린 2012년 논문에서 샌디에이고에 있는 캘리포니아 대학의 로저 본Roger Bohn과 제임스 쇼트James Short는 이렇게 말했다. "2008년에 미국인은 1조 3천억 시간에 걸쳐 업무 외 정보를 수용한다. 한 사람당 하루에 평균 12시간씩 썼다는 뜻이다."[3]

또 같은 글에서 한 사람당 하루 평균 10만 500개 단어를 사용하며, 이메일을 쓰고 답하거나 정보를 검색하고 취합하는 데 근로자들은 1주일 중 28시간을 쓴다고 보고했다.[4]

이 수치는 점점 늘어날 것이다. 리서치 회사 라디카티 그룹Radicati Group은 2013년 4월, "주고받는 이메일 중 상당수가 업무용이며 하루에 9억 2천9백만 통의 이메일이 오간다"고 발표했다. 이메일은 업무상 의사소통의 주요 수단이기 때문에 "이러한 추세는 계속 이어져 2017년 말, 업무용 이메일은 하루 평균 11억 3천8백만 통이 오갈 것으로 예상할 수 있다"고 한다.[5]

CEO의 시간은 더 짧다. "CEO는 무엇을 할까?"라는 연구는 이런 결과를 보여주었다. "CEO는 대부분(85퍼센트) 시간을 다른 사람과

오늘날 직장인의 일과
시간을 쏟고 신경 써야 할 문제들로 항상 바쁘다. 더 이상 감당할 여력이 없을 만큼.

함께 보내는 데 쓴다. 업무 시간 중에는 60퍼센트를 회의에 할애하고 25퍼센트는 전화, 전화 회의, 공식 행사 등에 쓴다."[6]

우리는 차 안에서든, 집에서든, 직장에서든 언제나 외부세계와 연결되어 있다. 세상 모든 것이 곧 정보의 원천이다. 따라서 핵심을 빠르게 이끌어낼 수 있는 힘, 즉 숙달된 간결함이야말로 당신의 이야기를 남다르게 만드는 비결이다. 상대방의 관심을 끌 수 있는가 아닌가, 당신이 그들을 설득할 수 있는가 아닌가를 결정하는 힘이다.

주의력 결핍
: 두뇌 근력이 떨어진다

정보 과잉은 사람들의 집중력과 우선순위 결정력을 떨어뜨린다. 알려진 바와 같이, 2001년에는 평균 12분이었던 주의집중 시간 attention span이 2011년에는 5분으로 뚝 떨어졌다.[7]

《일하는 뇌Your Brain at Work》의 저자 데이비드 록David Rock은 다른 일이 끼어드는 상황을 오랜 기간에 걸쳐 수시로 겪다 보면 사고력이 떨어진다고 말한다. "1시간에 10번씩 관심사를 옮기다 보면(직장인은 1시간에 20번씩 관심을 다른 데로 돌린다는 연구가 있다) 생산적으로 사고하는 시간은 극히 일부에 불과하게 된다. 한 가지 일에 쏟을 수 있는 에너지가 줄어든다는 것은 이해하고 결정하고 복기하고 외우고 통제하는 역량이 줄어든다는 뜻이다. 그만큼 중요한 업무에서 실수할 확률도 커질 수밖에 없다."[8]

하루 일과를 마친 각계각층의 임원들은 녹초가 되어 주의력결핍장애라도 걸린 것 같다고 말한다. 그들은 언제나 초조해하면서, 어디에도 집중하지 못하는 듯 보인다.

새로운 정보를 받아들이기 위해 '상시 대기' 상태로 지내는 사람들, 즉 휴일이나 퇴근 후에도 핸드폰과 컴퓨터를 수시로 확인해야 직성이 풀리는 이들은 정작 문자나 이메일을 읽을 때 거기에 집중하지 못한다. 뿐만 아니라 사람을 직접 대면할 때조차 산만하기 때문에 주변 사람들로부터 무례하다는 평가를 받기 쉽다.[9]

실제로 스탠퍼드 대학 연구진은 여러 가지 일을 동시에 처리하는 경우가 잦을수록 여러 형태의 정보나 매체에 집중하기 어려워진다는 사실을 밝혀냈다.[10] 논문을 쓴 앤서니 와그너Anthony Wagner 부교수는 "멀티태스킹을 자주 하는 사람들은 주변 환경이나 자기 자신의 머릿속에서 쏟아지는 다양한 정보 중 당장의 목표와 무관한 것을 걸러내지 못한다"고 말했다. "이는 곧 불필요한 정보가 업무 수행력을 떨어뜨린다는 뜻이다."[11]

주의집중력을 근육이라고 생각해보자. 이 근육을 하루 종일 수많은 방식으로 사용하다 보면 지치는 것이 당연하다. 우리는 오후보다 오전 시간에 더 높은 집중력을 발휘할 수 있다. 그리고 모든 일에 똑같이 신경을 쓰다 보면 특정 시간 동안 좀 더 집중할 수 있는 힘도 점차 떨어지게 마련이다.

방해와 중단
: 수시로 끼어든다

직장인은 평균 8분에 1번, 또는 1시간에 6~7번씩 다른 일이 중간에 끼어드는 경험을 한다는 연구가 있다. 그러면 하루 8시간 근무 중 이러한 '새치기 업무'가 대략 50~60번 일어나는 셈이다.[12]

다른 일을 스스로 끼워 넣을 때도 있다. 어렵고 힘든 업무를 하다가도 더 쉽거나 흥미로워 보이는 일에 마음이 가는 것이다. 그럼 자연히 쉬운 일이 하고 싶어진다.

예를 들어, 지금 내가 조용한 방 안에서 중요한 프로젝트에 매달려 있다고 상상해보자. 읽고, 쓰고, 주제에 점점 더 깊이 파고들어가면서 자료를 조사하고 분석한다. 그러다 문득 '이거 정말 어려워지는데. 핸드폰 한번 확인할 때 되지 않았나' 하는 생각이 들면서 하던 일을 멈추는 것이다. 현대인에게 핸드폰 벨소리는 '파블로프의 종소리'만큼이나 자연스러운 자극이다.

또 이런 상황도 있을 법하다. 지나치게 길고 이해하기도 어려운 이메일을 읽고 있다. 메일을 보낸 동료가 요점을 제대로 정리하지 않은 탓에 집중하기 힘들다. 그래서 일단 이건 제쳐두고 부담이 덜 가는 다른 무언가에 시선을 돌려본다. 그렇게 다른 사람이 보낸 메시지를 확인하거나 문자를 보내는 식이다.

캘리포니아 대학교의 정보과학 교수 글로리아 마크Gloria Mark는 직장인들은 하고 있던 일에 보통 11분 4초 정도를 쓰고 나면 다른 일에 주의를 돌리게 된다고 밝혔다. 그리고 일단 한 번 다른 일이 끼

어들고 나면, 원래 업무로 되돌아가는 데 평균 25분이 걸린다고 설명했다.[13]

실제로 직장인들이 "중간에 끼어든 잡무와 가벼운 기분 전환"을 위해 하루 평균 2.1시간을 허비한다는 바섹스Basex 사의 연구 결과도 있다. 이 때문에 기업이 치르는 대가는 막대하다. 1년에 무려 5,880억 달러가량 손해를 본다. [14]

니콜라스 카Nicholas Carr는《생각하지 않는 사람들The Shallows》이라는 책에서 이렇게 말했다. "컴퓨터를 사용하는 사무직 근로자들은 이메일을 읽고 답하기 위해 하던 일을 끊임없이 멈춘다. 받은편지함을 1시간에 30~40번씩 확인하는 일도 드물지 않다(그러나 편지함을 얼마나 자주 열어보는지 물어보면 그들은 실제보다 훨씬 적게 대답할 것이다)."[15]

초조함
: 얼음이 녹고 있다

최근 우리는 무엇이든 더 빠르게 이루어지리라 생각하는데, 이는 업무 흐름work flow을 형성하는 환경과 조건 때문이다. 태블릿 PC로 잡지를 읽는다고 생각해보라. 손가락으로 화면을 툭 치기만 하면 다음 장으로 넘어간다. 아주 쉽다. 누구나 어마어마하게 많은 정보를 얇은 태블릿 PC에 담아 들고 다니면서, 손끝 하나로 드넓은 바다를 항해할 수 있다.

〈월 스트리트 저널Wall Street Journal〉을 읽고 싶다고 굳이 집 밖에

나갈 필요가 없다. 신문 한 부 정도는 단 몇 초면 된다. 소파에 느긋하게 앉아 방금 내린 커피 한 잔을 마시며 다운로드 받은 신문을 읽는다. 그러다 한 장이라도 바로 열리지 않는다 싶으면 금세 짜증을 낸다.

우리는 더 이상 단 한 가지 일에 많은 시간을 쏟지 않는다. 미국인이 웹페이지 하나를 읽는 데 얼마나 걸리는지 아는가? 평균 56초다.[16] 유튜브 동영상 하나를 볼 땐 어떨까? 2012년에는 고작 3.95분에 불과했다.[17]

기술은 무엇이든 점점 더 빨라지리라는 무언의 기대를 불러왔다. 이런 시대에 핵심을 재빨리 꺼내 보이지 않으면, 상대방은 인내심을 잃고 만다.

회의야말로 그 대표적인 사례다. 더구나 회의는 수많은 직장인들의 시간 대부분을 차지하는 일이기도 하다. 마이클 클라고Michael Clargo는 《회의를 디자인하라Meeting by Design》라는 책에서 이렇게 말했다. "전체 회의 횟수의 절반 가까이는 비효율적인 시간 낭비. …… 잘 디자인된 회의는 횟수도, 시간도 지금의 절반이면 된다."[18]

이 문제를 해결하기 위해 구글google은 프로젝터를 이용해 약 122센티미터 크기의 스톱워치를 벽에 비추었다. 남은 회의 시간을 재서 정해진 때를 넘기지 않도록 하는 것이다.[19] 어마어마하게 큰 시계는 회의 참석자들에게 1분이 얼마나 소중한 시간인지 알려준다. 팔 길이만큼 긴 분침을 손가락 사이로 흘려보낼 수는 없을 테니까.

상대방에게 더 많은 정보나 복잡한 문제를 처리하게 하고, 자주 끼어들거나 더 많은 시간을 쓰게 만든다면, 그건 내 말을 듣지 말아달라고 비는 것이나 다름없다. 이 문제에 대한 경각심을 높이고, 스스로 주의하지 않으면 점차 사람들의 관심에서 멀어질 뿐이다.

아이디어나 직위에 기대서, 아니면 어떻게든 시간을 채우는 것만으로 그럭저럭 버틸 수 있던 시대는 이제 끝났다. 그 모든 것을 더욱더 작은 상자에 담아, 더 쉽게 집어 먹고 소화할 수 있게 만들어야 한다. 바짝 졸여서 재빠르게 핵심을 드러내라. 그렇지 않으면 잊힌다.

성공하고 싶다면 간결하게 소통하라

당장의 현실이 이렇다. 거창한 결론에 이르기 위해 벽돌 하나하나를 쌓아올릴 시간이 없다. 효과적으로 소통하고 싶다면 헤드라인만 말할 줄 알아야 한다.

여기 조직 혁신을 꾀하는 기업홍보부 전무가 있다. 그는 1년에 2번 회사의 미래를 좌우하는 큰 일을 치르는데, 하나는 행동주의 투자자들의 주주총회고 다른 하나는 공모채 발행이다.

전무라는 직함에 따라오는 역할과 책임이 달라졌으니 적응해야만 했다. 업계는 물론 지역사회의 리더들로 구성된 투자자들은 전에 없이 이것저것 따지고 들면서도 훨씬 더 성급하게 굴었다.

그와 대화하면서 전략적 소통의 중요성과 시급함을 분명하게 깨달았다. 지금껏 겪어온 그 어느 때보다도 시간은 없고, 산더미 같은 세부 사항을 일일이 확인하지 않는 이들에게 전후 맥락을 명확하고 빠르게 알려야만 한다. 주주들은 저마다 나름의 질문을 던져놓고, 신속히 대답해주길 바란다. 그들은 바쁘고 인내심도 없다. 게다가 전무의 회사

뿐 아니라 그들 자신이 직접 운영하거나 관여하는 다른 기업에도 신경을 써야 한다. 전무는 주주들의 좁고 얄팍한 소양과 무례함에 대해 털어놓았다.

"저희 직원이 프레젠테이션을 하는 도중에도 주주들은 스마트폰을 확인하거나 전화를 받으러 자리를 비우거나 따분한 표정으로 노려봅니다. 그러니 더 간단명료한 방식으로 매끄럽게 발표하면서도 주주들과 말도 적극적으로 주고받아야 합니다. 그렇지 않으면 회사가 심각한 타격을 받을 수도 있겠더군요.

행동주의 투자자들은 천천히 논지를 이끌어내는 데는 관심이 없습니다. 집중력도 약하고, 무언가 자꾸 끼어드는 데다 성급하기까지 한 그들의 행태를 극복할 방법을 찾아야 합니다. 빠르고 간단명료한 의사소통이 바로 그 답이겠죠. 이것이 우리의 새로운 기준이자 현실입니다."

"무언가에 쏟을 만한 시간도, 집중력도 없는 이 상황을 타개할 새로운 기준으로 간결함을 꼽으셨는데요, 그 기준을 현실적으로 적용할 수 있는 방법은 뭘까요?"

"오늘날 우리가 사는 세계는 예전처럼 여유롭지가 않습니다. 때문에 핵심에 더 빨리 도달해야 합니다. 우리 스스로가 결정을 내리지 않으면 주주들이 대신 결정을 내릴 테니까요."

준비하라. 이제는 전혀 다른 세상이 펼쳐진다. 7가지 요리가 나오는 풀코스 만찬을 준비하는 데 익숙할지라도, 지금부터는 딱 한입거리만 내놓아야 한다. 그래야만 나와 내가 속한 조직이 도드라져 보일 테고, 사람들의 관심을 한 몸에 받을 수 있다. 사람들이 나를 기억하고, 나의 아이디어가 사람들을 사로잡는 순간 경쟁자들은 모두 내 등만 쳐다볼 것이다. '관심의 경제학'에서 패배할 수밖에 없는 부정적 요인을 뒤집어 다른 얼굴을 내보일 때가 온 것이다. 군살 없는 의사표현이야말로 새로운 강점이 되리라.

한마디로, 승기를 잡고 싶다면 상대가 산만해지기 전에 핵심을 밝혀야 한다.

✓ **성공한 사람들은 간결함을 요구한다**

바쁜 사람들은 동료나 부하직원이 핵심을 짚어내지 못하면 쉽게 인내심을 잃는다. 수백 통의 이메일에 파묻혀서 하루 종일 회의에 끌려 다니는 사람은 옹알이를 들어주느라 시간을 허비할 여유가 없다.

어떻게 하면 더 효과적으로 메시지를 전할 수 있을까? 간결한 소통의 기술을 얼마나 잘 구사하고 있는지 아래 질문을 통해 알아보자. 당신과 당신이 속한 조직의 강점이 무엇인지도 잠시 생각해볼 수 있을 것이다.

간결함 검사

1. 1시간 분량의 복잡한 정보를 듣고, 이를 2분 남짓한 길이로 요약할 수 있는가?

2. 5줄 안에 핵심을 담아낸 이메일을 쓰고 있는가?

3. 프레젠테이션을 할 때 그림이 많고 글이 적은 파워포인트 슬라이드 10장가량만 준비하는가?

4. 복잡한 아이디어를 간단한 이야기나 은유, 일화로 옮길 수 있는가?

5. 중요한 소식을 기자처럼 전문적으로 전달할 수 있는가?

6. 어려운 비즈니스 용어나 전문용어가 아닌, 쉽고 명확한 단어를 사용하는가?

7. 상대방의 '집중력이 떨어졌다'는 사실을 즉시 알아보는가?

다음 장에서는 위의 기술을 어떻게 익히고 언제 사용하는지 알아보자.

간결함을 저해하는
7가지 금기

간결함이 어려운 이유

간결함의 필요성을 이해하는 것만으로는 부족하다. 더 깊이 파고 들어가 핵심을 짚는 것이 왜 어려운지 알아내야 한다. 시간 엄수와 깔끔한 글씨라는 무기 옆에 '간단명료함'을 당장 장착하지 못하는 까닭이 무얼까? 간결하게 말하기 힘든 이유는 하나가 아니다. 수다 떠는 게 너무 좋아서 그렇다고 쉽게 생각할 수도 있다. 하지만 그건 7가지 치명적인 금기 중 하나일 뿐이다. 다음 중 당신을 애먹이는 요인은 무엇인가? 한 가지 이상을 골라야 할지도 모른다. 다음 7가지 금기는 반드시 해결해야 한다. 그러니 각 항목마다 제시된 사례를 당신의 상황과 비교해보고 솔직히 답하라. 당신이 어긴 금기는 무엇인가?

비겁함
: 당신 생각을 말하라

문제 | 자신의 입장을 분명히 정하고, 뚜렷이 밝힐 배짱도 없이 의미 없는 단어 뒤에 숨는다. 누군가가 이의를 제기하거나 동의하지 않을까 봐 두려운 나머지 전문용어와 유행어를 남발하며 전달하고자 하는 핵심 메시지는 숨긴 채 어중간한 회색지대에 머무르고 싶어 한다.

사례 | 당신은 전 세계적인 제조업체에서 물류공급망을 맡고 있다. 미묘한 차이와 변화, 압박이 끊이지 않는 복잡한 일이다. 때문에 프레젠테이션을 할 때 당신은 수많은 파워포인트 슬라이드를 넘겨가면서 영업인끼리 사용하는 용어를 무수히 내뱉는다. 경영진은 그저 갸우뚱거릴 뿐이다. "지금 뭐라고 한 건가?"

결과 | 경영진은 당신의 보고를 가지고 무엇을 해야 할지 갈피를 잡을 수 없다. 그래서 무의식중에 당신의 리더십 역량을 의심하기 시작한다. "자네의 전략은 뭐고, 영업 계획은 무엇인가?" 설명을 듣고도 그들은 여전히 궁금하기만 하다. 더 용감하고 명료하게 말할 줄 아는 사람이 나타나면 당신은 그 회사의 과거가 된다.

자만심
: 이 문제에 대해서는 며칠이고 이야기할 수 있습니다

문제 | 모든 걸 알고 있다고 자부하는 당신은 성가시기만 한 온갖 세

부사항까지 설명하여 듣는 사람을 지치게 한다. 잘난 척이 뭔지 제대로 보여주는 당신은 자신이 가장 좋아하는 주제를 가지고 강의도 할 수 있다고 믿는다.

사례 | 당신은 인터넷 보안에 관한 전문가다. 이 주제에 대해 책과 보고서를 쓰고 블로그를 하며, 강연 요청도 심심치 않게 받는다. 그러나 흥미진진하리라는 기대와 달리, 당신의 이야기는 장황하고 무미건조하며 지나치게 전문적이어서 이해하기 어렵다. 말은 지루하고 이메일은 논문을 연상시킨다.

결과 | 한번 입을 열면 막을 수 없는 당신과는 누구도 이야기하려 하지 않는다. 똑똑하긴 해도 자신의 약점은 알지 못한다. 사람들은 당신의 이메일을 무시하거나 즉시 삭제해버린다. 전문지식과 말을 장황하게 이어나가는 당신의 버릇은 시간이 흐를수록 경력에 해를 끼친다.

무심함
: 다른 사람들 시간을 존중하라

문제 | 당신은 이기적이고 다른 사람들의 시간을 아낄 줄 모른다. 남들이 말할 때에는 재촉하면서, 자신이 발언권을 얻으면 시간이 멈춘 듯 행동한다. 당신이 "시간 있어요?"라고 물으면 그건 "그쪽 시간을 있는 대로 잡아먹을 거예요"라는 뜻이다.

사례 | 마감이 닥친 빅토르의 책상으로 다가간 당신. 진행하는 프로젝트와 관련해 그에게 물어보고 싶은 것이 있다. 빅토르를 슬쩍 엿보고

잽싸게 눈을 맞춘 뒤 끼어든다. 그가 하던 일을 멈추자 당신은 입을 연다. 하고 싶은 말을 마음껏 던지면서 자신이 그의 시간을 빼앗고 일정을 늦추고 있음은 전혀 깨닫지 못한다. 빅토르는 '도무지 자기 자신밖에 모르는 인간이군'이라고 생각하며 속으로 부글부글 끓는다.

결과 | 남의 시간을 존중하지 않는 사람이라는 낙인이 찍히면 당신도 남들의 존중을 받지 못할 것이다. 업무평가에서도 동료들에게서 낮은 점수를 받을 것이다.

편안함
: 자제력 좀 기르면 안 되나?

문제 | 아는 사람들 앞에 있으면 긴장이 누그러지면서 말이 많아지는 당신은 익숙하다는 핑계로 간결함을 내팽개친다. 이중 잣대를 들이대는 셈이다. 중요한 사람 앞에서는 간단명료하게 말하지만 잘 아는 사람들 앞에서는 장황하다.

사례 | 금요일 늦은 오후, 당신은 회의를 마치고 돌아오던 상사를 만났다. 상사가 주말에 무엇을 할 계획인지 가볍게 물었고, 마침 당신은 주말에 할 일이 많았다. 장장 15분에 걸친 '보고'가 이어지자 상사는 이런 생각을 하기 시작한다. '질문을 하지 말았어야 했나보군. 회의 끝나고 다른 길로 왔어야 했어.'

결과 | 잡담을 나눌 시간과 장소는 따로 있다. 당신에게는 흥미진진한 이야기가 남들에게는 고통이 될 수 있다는 사실을 언제나 염두에 두

방향성 부재

동서남북을 모두 가리키는 표지판은 쓸모가 없다.
가야 할 곳 딱 한 군데만 정확히 밝혀라.

어야 한다. 모든 사람을 똑같이 대하라. 정신없이 바쁜 그들은 당신이 간결하게 말하기를 바란다.

혼란
: 왜 엉망진창인 당신의 머릿속을 들여다봐야 하나?

문제 | 당신은 생각을 명확하게 정리하지 못한 채 떠오르는 대로 말하 곤 한다. 명백한 실수다. 방금 떠올린 생각은 조리도 없고, 불분명하며, 듣는 사람의 기억에 남지도 않을 공산이 크다. 단, 그런 생각을 떠들어 대지만 않는다면 문제될 일도 없다.

사례 | 건설회사 임원인 당신은 브레인스토밍을 좋아한다. 물론 그렇 게 내놓은 아이디어가 언제나 잘 들어맞는 것은 아니다. 하지만 창의 적인 과정을 무척 좋아하는 데다 앞으로의 향방과 중요한 돌파구에 대해 설명할 때면 열의가 솟는다. 당신의 머릿속에서 제멋대로 싹튼 생각이 두서없이 쏟아지는 동안 사람들은 가만히 앉아 듣고만 있다.

결과 | 당신의 아이디어를 앞으로 어떻게 개발하고 구체화하든 간에, 사람들의 평가는 이미 시작됐다. 미처 다듬지 못한 그 생각이 당신과 당신의 능력을 판단하는 근거가 된다. 자신의 생각을 말해도 될 때와 장소와 상대를 신중히 가려야 한다.

복잡함
: 간단히 정리하는 것이야말로 당신의 의무다

문제 | 어려운 개념을 단순화할 수 있는 사람이 높은 평가를 받는다는 건 안다. 하지만 당신은 간단명료하게 다듬을 수 없을 정도로 복잡한 문제가 있기 마련이라고 굳게 믿는다.

사례 | 어느 고객이 지난번에 주문한 상품 배송 때문에 전화를 걸었다. 전후 사정을 잘 알고 있는 당신은 예기치 않은 배송 지연을 장황하게 설명한다. 불쾌해진 고객은 제조 공정이 고객 서비스만큼 복잡하다면, 품질에도 문제가 있을지 모른다고 걱정한다.

결과 | 간단한 대답을 원하는 사람에게는 간단히 답하라. 원하는 답을 바로 얻지 못한 그들은 인내심과 신뢰를 저버린다.

부주의
: 혼잣말은 제발 혼자 있을 때 해라

문제 | 말주변이 어눌하고, 머릿속 생각과 전해야 할 메시지가 마구잡이로 엉키는 일이 잦은 당신. 사람들은 당신의 이야기를 제대로 알아듣지 못해 실망하곤 한다.

사례 | 늦은 밤, 중요한 클라이언트와 방금 헤어진 당신은 상사에게 새로운 계약이 어떻게 진행되었는지 보고하고자 전화를 걸었다. 음성 메시지로 넘어갈 줄은 몰랐지만 어쨌든 두서없이 메시지를 남겼다.

최선은 아니지만 어수선한 내용은 내일 정리하면 된다고 생각하고, 그리 나을 것도 없는 이메일까지 보냈다. 야심한 시각에 음성 메시지와 이메일을 확인한 상사는 당신이 과연 클라이언트와 잘 소통할 수 있을지 의심을 품고 말았다.

결과 | 말과 생각을 다듬는 데 게으른 사람에 대한 평가는 언제나 똑같다. 다음 업무를 진행할 준비가 안 되어 있거나, 심지어 이 일에 맞는 사람이 아닐지도 모른다는 인상을 준다.

업무 중에 사람들을 대할 때에는 친구를 만날 때보다 더 높은 기준을 세우고 지켜야 한다. 변화는 당신 몫이다. 남들이 7가지 금기를 참아줄 것이라고 기대하지 마라. 군살 없는 소통의 대가, 간결함의 달인이 되고 싶다면 앞서 언급한 요소를 늘 점검하라. 어떤 상황에 처하든 더 나은 결과를 낼 수 있는 힘이 되어줄 것이다.

한마디로, 간결함의 대가가 되는 길은 멀고 험하다. 7가지 금기를 어기는 순간은 깨닫지도 못할 만큼 미묘하게, 그리고 부지불식간에 벌어진다.

> **✔ 혼자 떠들고 있다면 입을 닫아야 할 때다**
>
> 전직 앵커이자 기자였고, 현재는 미디어 트레이너로 일하는 댄 브로든Dan Broden은 인터뷰 중에 잠시 말을 멈추어야 하는 순간이 있다고 조언한다. 주제에 대한 열의와 더 많은 이야기를 나누고자 하는 의사를 표현한 바로 그때다. 입을 다물어야 할 순간을 놓치지 않아야 기자가 당신의 말을 잘 이해하고, 더 많은 질문을 던질 수 있다. 이를 '허용적 침묵'이라고 부른다.

한 컨설팅 회사의
성공 비결

모든 임원이 간결하게 말할 줄 모르는 사람들만 만나는 것은 아니다. 바쁜 일정을 이어나가는 이들에게 그 자리에서 강렬한 인상을 남긴 성공 사례도 많다. 에드나라는 재무팀 중역과 함께 일했을 때 들은 이야기도 그중 하나다.

에드나는 속도감 있게 일하면서도 이메일을 확인하고, 전화를 받고, 질문에 답하는 등 매일 엄청나게 쏟아지는 정보를 처리하는 최고 관리자다. 업무 역량이 놀라울 정도로 뛰어난데다 의사 결정이 빨라 그녀를 찾는 사람도 많고 해야 할 일도 많다.

하지만 누구나 그렇듯 에드나 역시 쉽게 산만해지고 집중력이 떨어졌다. 성미가 급해 뭐든 빨리 끝내버리는 그녀를 설득하고 싶다면, 에드나의 속내를 읽고 핵심을 정확히 밝혀야 했다. 그녀는 요즘 흔히 보

시간을 들여 준비하라
프레젠테이션에 '더딘 전개'는 필요 없다.
요약해서 보여주어라.

이는 기업 간부의 전형이었다.

"어느 회의든 다를 게 없어요. 모두 자리에 앉으면 인사말과 함께 프레젠테이션이 시작됩니다. 그러다 조금 있으면 문자가 오고, 다른 일들이 끼어들기 시작해요. 사람들은 회의 중간에 핸드폰을 들여다보고, 저도 이메일을 확인하고, 그러다 보면 마음은 들뜨고 산만해지죠.

그런데 일전에 같이 일하는 컨설팅 회사 사람들이 회의에 들어왔을 때 정말 깜짝 놀랐습니다. 복잡하고 산만해진 현실에 발맞출 줄 아는 이들을 보니 기쁘더라고요. 컨설턴트들은 들어오자마자 요지가 한눈에 들어오는 보고용 요약본을 전달했거든요. '더딘 전개'는 건너뛴 거죠.

회의 시작과 동시에 그들은 바로 결론부터 말했습니다. '저희가 살펴본 결과는 이렇습니다. 귀사에서 해야 할 일이 바로 이거죠.' 이 모든 일이 처음 5분에서 10분 사이에 벌어졌습니다. 회의 시간은 1시간이지만, 실질적인 결론과 문제의 핵심은 처음 몇 분 사이에 모두 보았습니다. 헤드라인을 전면에 배치했기 때문이죠."

그 컨설턴트들은 메인 메뉴를 먼저 선보였기 때문에 누군가 문을 두드려 끼어들기 전에 에드나의 관심을 사로잡을 수 있었다.

"저는 사람들이 제 방문 밖을 서성이기 전에 회의의 방향을 분명하게 알 수 있었습니다. 그제야 꼭 필요한 것을 얻은 것 같았어요."

이런 간결함은 그 뒤에도 계속되었다.

"파워포인트 슬라이드도 곁가지를 싹 빼고 10장 남짓하게 만들어 왔더라고요. 그 자리에 있던 모든 사람이 강렬한 문구와 이미지의 힘을 느꼈습니다." 에드나가 설명했다.

이야기의 불필요한
곁가지를 잘라내라

워크숍 참가자들이 불필요한 정보를 편집할 줄 아는지 알아보는 나만의 방법이 있다. 그들의 경력에서 결정적 순간이라 할 만한 일을 3분간 설명하라고 시키고, 10~15분 정도 준비 시간을 준다. 대부분 어떤 이야기를 할지 정하고 나면 눈에 띄게 흥미를 보인다.

그런 다음 둘씩 짝을 지어 준비한 내용을 서로 들려주게 한다. 그리고 들은 내용을 메모해 다른 사람들 앞에서 1분간 발표하도록 한다. 이야기를 들려줄 때 고려해야 할 3가지 요소가 있다. 첫째, 빼놓을 수 없는 필수 요소와 둘째, 약간의 풍미를 더할 수는 있지만 오래 끌어선 안 되는 보충 설명, 그리고 셋째, 이야기를 늘어지게만 하는 불필요한 내용이다.

참가자들은 이 3가지 요소에 맞추어 이야기를 다듬기 시작한다. 주어진 시간 1분에 맞추려면 오로지 필수 요소만을 남기고, 보충 설명을 살짝 곁들이기만 해야 한다. 그러면,

- **이야기를 마치자마자 감탄 어린 반응이 돌아올 것이다.** 짧은 시간에 적은 노력만 들이고도 같은 정보를 취할 수 있을 때 사람들은 고마움마저 느낀다.
- **늘어지게 하는 부분을 찾아라.** 더 좋은 필수 요소만을 골라 말하

려면, 불필요한 내용은 무엇인지 먼저 판단하고 주의해야 한다.

- **적을수록 좋다.** 무엇을 쳐낼지 가려내기란 어렵다. 그렇지만 적
  절하게 가지치기를 하고 나면 더 크고 달콤한 열매를 맺을 수
  있다.

"그때 분위기는 어땠습니까?"

"서로 담소를 나누는 분위기였습니다. 컨설턴트들은 일방적으로 발표하는 게 아니라 함께 *대화*를 했거든요. 자신들의 말을 멈추고 제 얘기를 들으려고 했죠. 그게 정말 좋았습니다. 같이 토론하면서 제 생각을 더 듣고 싶어 하는 듯했어요."

"그때도 뭔가 다른 일이 끼어들던가요?"

"네, 그런데 그럴 때마다 저는 이미 그들과 나누던 이야기에 깊이 몰두해 있던 터라 아는 척하고 싶지도 않았습니다. 그래서 문 앞까지 찾아온 사람들을 무시해버렸죠."

컨설턴트는 또한 구체적인 사례를 담은 짧은 동영상을 비롯해 강렬한 이미지를 다채롭게 사용했다. "45분 정도 대화를 나눴습니다. 핵심 파악이 빠르니 회의도 빨리 끝난 거죠."

에드나는 그런 소통 방식이 평소에도 그대로 드러난다고 덧붙였다. 통화는 짧게, 준비된 자세로, 상대방이 궁금해할 만한 내용을 예상하고 질문할 수 있도록 유도하며, 관련 업무를 처리할 수 있는 시간을 준다. 이메일 역시 언제나 깔끔했다.

"그 컨설팅 회사는 일을 늘 상대의 궁금증을 풀어주는 식으로 하더라고요. 또한 어떤 회의든 1시간 내내 프레젠테이션만 늘어놓지 않고 보고용 요약본과 함께 대화할 거리를 준비하는 겁니다. 그 점이 정말 좋았습니다.

그래서 그 회사와 회의하는 날은 늘 기다려집니다. 그 시간이 하루 중 가장 좋거든요. 그 회사 사람들은 모두 상대의 관심을 *끄는* 법을 알고 있습니다. 그들을 만나면 시원한 바람을 맞는 것 같죠."

한마디로, 절제하고 존중하고 제대로 준비하라. 그러면 고객도 당신에게 고마워할 것이다.

Part 2

명확하고
간결해지는 법

훈련 Discipline

Chapter 05

간결함은 습관이다

간결함에 대한 책에서 간결함이 필요한 이유만 언급하고 끝낼 순 없다. 실행 전략, 즉 어떻게 바꾸어갈지 구체적 계획과 훈련이 필요하다. 지난 수년간 나는 다양한 직업에 종사하는 수많은 사람들이 간결함에 이르는 결정적 순간들을 지켜봤다. 바쁜 기업 임원, 치열한 군 장교, 냉소적인 영업부장 등이 쉽지 않은 도전에 맞설 수 있도록 도왔다.

2부에서는 간결함을 습득하는 방법에 대해 이야기하고자 한다. 여기에는 이미 검증된 4가지 접근법이 있다. 각각의 방법을 따로 또는 같이 사용하다 보면 정신 근육, 즉 습관을 만들 수 있을 것이다. 숙련된 전문인으로 나아갈 수 있는 길이니 잊지 말고 버릇을 들여야 한다. 사람들이 당신의 말에 귀기울이고 집중하게 하라.

간결함에 다가가는 열쇠

1. 그려라

브리프맵BRIEF Map은 방대한 정보를 압축하고 다듬는 데 사용한다. 마인드맵이 '생각의 사슬'을 표현한다면, 브리프맵은 '메시지의 사슬'을 보여주기 때문에 '메시지맵'이라 불러도 무방하다. 즉, 말하는 사람의 입장에서 그리는 마인드맵에 비해 브리프맵은 듣는 사람의 관점을 더 중시한다. 또한 브리프맵에 이야기 요소를 가미하여 내러티브맵으로 발전시킬 수도 있다.

2. 이야기하라

내러티브는 단순명료하고 설득력 있는 설명 방법이다. '스토리'가 모든 종류의 이야기를 의미한다면, '내러티브'는 전략적 관점 및 뚜렷한 주제 의식을 중심으로 풀어나가는 것이다. 느긋한 어조로 "옛날 옛적에~"라고 속삭이는 구전동화와는 다르다. 훨씬 더 정제되어 있고, 형식을 갖추었으며, 목표가 뚜렷한 이야기다.

3. 대화하라

적극적인 경청과 질문을 통해 상대방의 관심을 끌고, 상황을 내 뜻대로 이끌어갈 수 있다.

4. 보여주어라

동영상, 그림, 사진 등의 시각 자료는 관심을 끌어 모으고 상상력을 자극한다.

한마디로, 이제부터 간결함의 근육을 키울 수 있도록 4가지 검증된 기술을 소개한다.

✓ **명확히 말하면 사람들은 당신이 한 말 이상을 듣는다**

시카고 공연단인 네오퓨처리스트Neo-Futurists는 〈너무 많은 빛이 아이의 눈을 멀게 한다Too Much Light Makes the Baby Go Blind〉를 공연한다. 이 연극은 60분 안에 30개의 극이 펼쳐지는 형식을 띠며 각각의 극은 드라마와 코미디, 시사, 통렬한 극 등으로 이루어져 있다. 극은 매주 시사 쟁점에 맞춰 새롭게 바뀐다. 단 2분 안에 메시지의 핵심을 전달해야 한다. 강렬하고 재미가 있어 관중들은 각각의 미니 공연에서 말하고자 하는 것 이상을 즐길 수 있다.

**Chapter
06**

앨과 베티 그리고 내러티브

그리기와 이야기하기, 대화하기, 보여주기를 결합한 가장 주목할 만한 사례부터 소개하고자 한다. 〈포천Fortune〉지 선정 500대 생산재 유통업체 W. W. 그레인저는 복잡한 전략을 간단한 이야기로 바꾸어낸 바 있다.

이는 그레인저의 전략기획실장 존 보타를 만나 차 한잔을 하면서 시작된 일이다. 그때 나는 존에게 내러티브를 활용하면 그 회사의 복잡한 비즈니스 전략을 단순하게 만들 수 있다고 말했다. 그리고 얼마 뒤, 그가 내게 도움을 청했다.

"임원진이 모여 5개년 전략 계획을 수립할 때 내러티브를 활용할 수 있다고 하셨죠. 그때 번뜩 떠오른 게 있었습니다. 전략적 내러티브 는 굉장히 매력적인 아이디어더군요. 각 부서장은 물론이고 직원들과도 폭넓게 소통할 수 있는 방법이에요."

당시 그레인저는 시장 변동과 핵심 고객층을 파악하고, 회사의 시장 점유율을 높일 수 있는 방법을 연구하는 데 지난 2년을 쏟아부었다. 광범위하고 전사적인 투자였다.

"저희는 리서치 자료와 그 분석 결과에, 온갖 데이터와 전략을 말 그대로 산더미같이 쌓아놨습니다. 이 모든 게 기나긴 PPT 파일과 빽빽한 서류 안에 담겨 있었죠. 계획은 제대로 수립했습니다. 다만 임직원 모두가 그 비전과 가치를 공유할 수 있는 쉽고 간단한 방법이 없었습니다. 도무지 뛰어넘을 수 없는 장벽 같았지요."

존은 경영진 회의에 나를 초청했다. 미국 그레인저 사의 최고 경영진 12명이 모여 논의를 마무리하고 5개년 전략 계획을 발표하는 자리였다. 나는 내러티브와 브리프맵을 소개하고, 4시간에 걸쳐 계획안을 더 명확하고 간결하며 설득력 있는 *이야기*로 바꾸어 나갔다. 먼저 계획의 실행 방안과 시장 상황, 핵심 가치 및 목표에 대해 질문했다.

"타깃 고객은 누구인가요?"

"2가지 타깃을 설정했습니다. 건물 관리인과 재무 담당자죠."

나는 화이트보드에 막대 2개를 그렸다.

"좋습니다. 그럼 알아보기 쉽게 건물 관리인을 A, 재무 담당자를 B라고 해보죠." 그러나 나는 이들을 A, B라 부르는 대신 '앨'과 '베티'라 불렀다. 인간적이면서 귀에도 더 잘 들어오는 호칭이었다.

경영진은 각 고객군의 특징을 기다렸다는 듯 줄줄이 읊었고 나는 이를 막대기 아래에 적어 내려갔다. 우리는 이들에게 무엇이 중요하고 서로 어떻게 다른지 토론했다.

"앨은 카탈로그 통신판매도 이용하고, 그레인저 지점이나 온라인에서도 제품을 구입합니다. 해야 할 일이 엄청나게 많죠. 그래서 시간을 아낄 수 있는 방법을 늘 고민합니다. 시설을 안전하게 유지·보수하는 데 필요한 나사, 전구, 펌프, 특수 부품 등을 지원하는 서비스나 주요 관리 업무를 손쉽게 처리할 수 있는 방법을 찾고 있습니다."

앨의 목록에는 시간, 편리함, 품질이라는 단어가 들어갔다.

"베티는 회계 및 재무를 맡고 있습니다. 지출 내역을 작성하고 승인하죠. 엑셀 시트에 파묻혀 예산을 운영합니다. 관리부서에서 일하면서 회사 돈을 아낄 방법을 고민합니다."

우리는 베티 아래에 가치와 가격이라는 단어를 적었다.

이후 우리는 몇 시간 동안 앨과 베티의 내러티브를 만들어갔다. 커다란 화이트보드에 그려낸 내러티브맵이 곧 5개년 전략 계획의 간결하고 논리적인 개요가 되었다.

"모두 화이트보드 하나에 시선을 고정하고, 함께 이야기를 만들어 공유하는 데 푹 빠져들었어요." 존이 말했다.

이 이야기를 부서장 200명에게 전달하는 것이 첫 번째 과제였고, 각 부서의 직원들에게 간결하게 설명하는 것은 그다음이었다. 경영진은 기존의 프레젠테이션 방식을 버렸다. PPT 파일 대신에 직접 그림을 그려가면서 부서장들과 '대화'를 나누기로 했다.

그레인저의 회장 마이크 퓰릭Mike Pulick이 부서장 200명 앞에 서서 말했다. "이제부터 우리는 흥미로운 도전을 시작하려고 합니다. 우리 고객에게 진정 중요한 것이 무엇인지, 우리가 그들을 어떻게 도와야 할지 함께 이야기해봅시다. 그럼 먼저 핵심 전략부터 짚고 넘어가

겠습니다."

퓰릭은 백지 한 장을 꺼내 예전에 고등학교 수업시간에나 보았던 문서 영사기 위에 올려놓았다. 그는 마카펜을 들어 가운데에 원을 그리고, 그 안에 첫 번째 리본을 그렸다. 고객이 가장 먼저 선택하는 회사가 되는 것, 그것이 모든 일의 중심이자 앞으로 그려나갈 내러티브맵의 핵심이었다.

퓰릭은 다른 임원에게 펜을 건넸고, 그가 내러티브맵의 다음 부분과 그림을 그려 넣었다. 그렇게 계속되었다. 시계와 돈, 앨과 베티의 막대 그림 등 전략의 기초를 이루는 이미지가 등장했다.

"사람들이 얼어붙은 듯 몰두했습니다. 예전에는 경영진이 이렇게 명확하고 간단하게 말한 적이 없었거든요. 40분 동안 직원 전체의 관심을 사로잡은, 임팩트 있는 발표였습니다. 파워포인트 슬라이드 하나 쓰지 않고 말이죠."

발표를 마친 퓰릭은 또 다른 빈 종이를 꺼내 이를 문서 영사기에 올려놓았다. 그는 부서장들이 제대로 이해했는지 알고 싶었다. 그래서 그들 중 회사의 5개년 전략 계획을 직접 설명해볼 사람이 없는지 물었다.

그러자 부서장 1명이 앞으로 나와 백지 위에 그림을 다시 그리면서 계획을 설명해 보였다. 그녀는 2분 안에 핵심을 정확히 짚어냈고, 이야기를 흠잡을 데 없이 마무리했다. 그 자리에 있던 모든 사람이 우레와 같은 환호와 기립박수를 보냈다.

앨과 베티에 대한 이야기는 회사 전체의 상상력을 자극했다. 무슨 계획인지, 무엇이 필요한지, 서비스 대상이 누구인지, 그들이 왜 특별

모든 것을 바쳐라
—열정과 에너지

열정은 전염된다. 중요한 비즈니스 결정을 할 때도 마찬가지다. 비판적인 애널리스트들에게 자신의 회사를 다시 소개하려는 CEO를 도운 적이 있다. 시장의 판도를 좌우하는 이들에게 자신의 IT 솔루션 공급업체를 알리는 데 전력을 다한 지 10년 만의 일이었다.

비즈니스 내러티브를 탄탄하게 짜고 프레젠테이션을 세심하게 다듬은 뒤, 우리는 보스턴에 위치한 리서치 선두기업 IDC의 격전지로 향했다. 주요 인물들을 만날 때마다 그들은 "사업은 잘 되어갑니까?"라고 물었다. CEO는 명확하면서도 열정적으로 이야기를 전했다. 우리가 준비한 내러티브맵은 그의 머릿속뿐만 아니라 가슴속에도 굳게 자리 잡고 있었다.

기술 변천에 관한 그의 이야기는 사람들 모두를 깊숙이 끌어당겼다. 짧은 소개가 긴 대화로 이어졌다.

잠시 틈을 타 나는 "그건 내일 브리핑할 때를 대비해 아껴두는 게 좋겠는데요"라고 말했다. 그러나 그는 "전 오늘밤부터 시작하려고 마음먹었습니다. 이렇게 멋진 이야기를 아껴두고 싶지 않습니다"라고 답했다.

■ **전심전력으로 임하라.** 내가 '올인하지' 않으면 듣는 사람도 마찬

가지다. 그들은 상대방이 '무엇을' 말하는가보다 '어떻게' 말하는지에 더 신경 쓴다.

- **열정이 감정적인 태도를 뜻하지는 않는다.** 노련한 전문가라면 기분에 휩쓸리지 않는다. 확신을 가지고 소통하라.
- **흥분과 열의를 전하라.** 이는 전염성이 강하다. 당신이 사람들을 옳은 길로 이끈다고 느낄 때, 그들은 당신과 함께할 것이다.

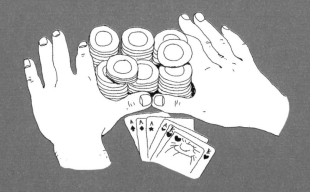

한지, 서비스를 어떻게 제공할지 등, 사람들은 회사의 전략을 금세 이해할 수 있었다.

무엇보다 가장 중요한 점은 모두가 이 계획을 *직접 이야기할 수 있다*는 사실이었다. 부서장 200명은 각 팀원들에게 이 이야기를 전했고, 사내 누구 하나 빠짐없이 회사의 전략을 공유할 수 있었다.

그때가 바로 그레인저의 결정적 순간이었다. 파급력은 줄어들지 않고 오히려 계속 커졌다. 〈하버드 비즈니스 리뷰Harvard Business Review〉에서도 앨과 베티 이야기를 인용했으며 직원들은 끊임없이 그 두 '사람'에 대해 이야기를 나누었다.[1] 이는 전략에 집중할 수 있는 원동력이 되었고, 그에 따른 업무 역시 차질 없이 진행할 수 있었다.

직원들은 앨과 베티의 막대 그림을 자기 나름대로 재창조하면서 이후 지속적으로 언급했다. 프레젠테이션에 활용하는 것은 물론 앨과 베티의 기념 액세서리를 만든 이도 있었고, 회의 시간에 그들의 자리를 따로 마련해두는 사람도 있었다. 심지어 뮤직비디오에도 등장했다.

이제는 모든 사람이 묻는다. "이것이 앨에게 어떤 도움이 될까?" "이건 베티에게 어떻게 좋을까?"

미국의 1만 3천 명에 이르는 그레인저 직원들은 앨과 베티와 같은 소비자들에게 어떻게 하면 개인적이고 편안하게 다가갈 수 있을지 고민했다.

간결한 내러티브로 구성한 그레인저의 전략 계획은 흡인력이 있었다. 앨과 베티는 지도 그리기와 내러티브로 이야기하기, 대화하기, 보여주기를 응집한 사례다. 이 4가지 방법을 서로 밀접하게 엮어내면 간결하고 효과적인 도구가 탄생한다.

이제부터 그 4가지 요소를 하나씩 알아보자.

한마디로, W. W. 그레인저는 모든 직원이 수용할 수 있는 전략적 내러티브를 구축했다. 5개년 전략 계획을 내러티브맵으로 그리고, 이야기로 만들어 전하고, 이미지로 보여주었다. 그 결과 효과적인 프레젠테이션이 가능했고, 구성원의 폭넓은 이해와 공유를 끌어낼 수 있었다.

✓ 말을 줄이려면 준비가 필요하다

우리는 너무 바쁘거나 너무 게으르다. 그래서 간결하게 다듬을 틈이 없다. 블레즈 파스칼Blaise Pascal조차 "간략하게 정리할 시간이 없어 편지를 이렇게 길게 쓰고 말았습니다"라고 말한 바 있다. 그러나 시간을 들여 노력하지 않으면 혼란만 안겨줄 뿐이다. 호라티우스Horatius는 이렇게 경고했다. "간결하게 쓰려고 애쓰다가 모호해진다."

그려라
: 마인드맵부터 브리프맵까지

"어떻게든 되겠지"

대가족의 가장인 나는 아이들이 학교에 제출할 과제물을 자주 봐주곤
한다. 피곤할 때도 있지만, 그래도 기꺼이 아이들의 첫 번째 독자를 자
처한다. 그때마다 요구하는 첫 번째 원칙이 있는데, 바로 '개요'부터
보여달라는 것이다.

"얘들아, 아빠 직업이 뭔지 알지? 과제를 도와주려면 먼저 개요부터
봐야 해."

이사벨은 고등학교 학기말 리포트 주제로 언론의 자유를 논하고 있
었다. 2학년 성적에서 큰 비중을 차지하는 과제여서, 딸아이는 8쪽짜
리 리포트에 몇 달 동안이나 매달려 있었다.

"아빠, 조사는 많이 했는데 어디서부터 시작해야 할지 모르겠어요."
마감을 코앞에 둔 이사벨이 투덜거렸다.

"걱정하지 마. 우선 개요부터 보여주렴." 선생님도 개요를 보고 싶
어 하시리라 생각하며 말했다.

"아, 개요라면 이미 짜뒀죠."

"좋아. 한번 보자꾸나." 그러나 개요는 온데간데없었다. 대신 뭐라
말할 틈도 없이 이사벨은 대략적인 초고를 재빨리 내밀었다.

"그냥 첫 장만 봐주세요. 제대로 하고 있는 건지 알고 싶어요."

검토를 시작한 나는 의식할 새도 없이 리포트를 빨간 펜으로 난도질
하기 시작했다. 기분이 상한 이사벨은 그렇게 써야 했던 까닭을 내게
설명하려고 애썼다. 우리 둘 모두에게 그리 기분 좋은 일은 아니었다.

개요만 짜놨더라도 이런 혼란과 긴장은 피할 수 있었으리라. 개요
는 생각을 명료하게 다듬고, 논리적 흐름과 우선순위를 잡아주며, 무
의미한 횡설수설을 막아준다.

하지만 직장인들은 대개 개요의 필요성과 중요성을 잘 모르는 듯하
다. 학교에서는 보통 개요부터 짜라고 가르치지만, 졸업과 동시에 무
시해버린다. 심지어 대규모 홍보든, 회의나 보고든 중요한 의사소통일
수록 개요를 만들지 않는다. 방대한 정보를 취합하고, 정제하여 많은
사람에게 전할 때 개요를 짜지 않는 것은 큰 실수다.

이사벨의 사례를 다시 살펴보자. 같은 반 학생 대부분이 이사벨처
럼 개요를 성의 없이 짜거나 아예 짜지 않았다고 치자. 그리고 체계가
갖추어지지 않은 그 리포트를 전부 읽어야 하는 선생님의 처지도 한
번 떠올려보라.

대충 계산해도 엄청나다. 리포트를 제출하는 학생이 100여 명이니, 선생님이 읽고 고쳐야 할 분량은 총 800쪽에 달한다. 1쪽에 5분씩 걸린다고 쳐도 다 끝내려면 60시간이 걸린다. 선생님은 봄방학 내내 이 따분한 일을 계속해왔을 것이다. 저런, 방학이 방학 같지 않았으리라. 이 불쌍한 선생님이 당신의 고객이라 생각해보자.

흔한 핑계와 필연적 결과의 대차대조표

흔한 핑계	필연적 결과
너무 바빠서 회의를 준비할 시간이 없었다. 까짓 거, 하던 대로 하면 되지.	설득에 실패하고, 동의와 지지를 끌어내지 못한다.
어쩌다 보니 회의까지 하게 됐네.	명확한 목표가 없어 논지가 흐트러지고, 진행 업무를 공유할 수 없다.
이메일 하나만 빨리 보내자.	답신이 오지 않는다. 이메일은 삭제되었다.
그냥 쓰던 PPT 쓰려고.	자료를 제대로 이해하기 어렵다.
컨퍼런스 가야 해. 누구누구 오는지는 가서 봐야지.	강한 인상을 남기지 못한다.
일단 한번 써보세요.	구매 의사가 없다.
내용을 좀 보충해야 할 것 같아서 다시 전화드렸습니다.	새로운 프로젝트 기회는 없다.
면접이나 한번 보려고.	구직 실패!

기본 개요도 없이 제대로 준비하지도 않고, 체계 잡힌 맥락도 없이 흘려보낸 수많은 대화와 회의, 이메일을 떠올려보라. 그리고 왼쪽의 표를 보고, 지난 수년간 "어떻게든 되겠지"라는 태도가 사람들에게 어떤 혼란과 피로를 안겨줬는지 곱씹어보라.

개요를 놓치면 판매도 놓친다

개요를 짜지 않고 영업을 하다 보면 말이 산으로 갈 수 있다. 수석 영업사원 랜든은 프레젠테이션을 준비할 때나 주요 고객을 관리할 때 개요를 따로 준비하지 않는다. 마음속으로 생각해둔다고는 하지만, 절대 글로 옮기지는 않는다. 그는 "시간이 없다", "프레젠테이션이라면 이력이 날 정도로 해봤다" 등 이런저런 변명을 늘어놓았지만 결국 문제가 생기고 말았다.

랜든은 말할 때 자제할 줄을 몰랐다. 프레젠테이션은 매번 1시간이 넘도록 끝나지를 않았고, 사후 관리를 위한 이메일도 여러 단락이 꼬리를 물고 이어졌으며, 불필요한 세부사항으로 가득한 보고서는 매번 20쪽을 훌쩍 넘겼다. 뿐만 아니라 소셜 미디어에는 아침 식단같이 무의미한 과시성 게시물만 올린다. 가장 나쁜 건, 장황하기만 할 뿐 개연성 없고 쓸데없이 상세한 영업 방식이다. 개요를 짜는 습관만 들였더라도, 동료와 고객 들도 랜든의 노고를 알아주었으리라.

당신이 매일 상대하는 사람들 역시 장황하고 제대로 다듬어지지 않은 데다 복잡하기만 한 설명을 듣곤 한다. 랜든의 잠재 고객들이 속으

로 '그래서 요점이 뭐야?'라고 생각하는 것처럼 그들 또한 똑같은 피로를 느낀다. 고객들은 랜든의 말을 왜 알아들을 수 없는지조차 몰랐다. 결국 그는 악화된 판매 실적과 구매할 필요를 느끼지 못한 고객들, 엉망이 된 인사 고과만 남기고 말았다.

이런 일은 누구에게나 일어난다. 하지만 개요를 통해 생각의 윤곽을 잡아나간다면 피할 수 있는 일이기도 하다.

개요를 짜는 즉시 느낄 수 있는 5가지 장점을 살펴보자.

① 준비성 제대로 말할 수 있도록 계획한다.
② 체계성 모든 아이디어와 정보를 짜임새 있게 구성한다.

③ 명확성 전해야 할 요점이 무엇인지 또렷하게 알 수 있다.

④ 맥락 핵심을 강조할 수 있는 큰 밑그림을 그려낸다.

⑤ 자신감 해야 할 말과 삼켜야 할 말을 정확히 구분한다.

　개요를 짜는 데 시간과 노력을 아끼지 마라. 그 수고는 의사소통의 혼선을 막고 시간을 절약하기 위한 아주 작은 희생일 뿐이다.

마인드맵의 장점

전통적인 개요에 대한 호감은 줄어드는 반면, 시각적 개요라 할 수 있는 마인드맵의 활용 사례는 기업 전반에 꾸준히 늘고 있다. 이는 자연스러운 과정이다. 관련 소프트웨어와 화이트보드가 마인드맵을 활용할 수 있는 환경을 조성했다. 또한 정보를 단선적으로 수용할 때 발생하는 피로가 없고, 시각적 요소를 적극 사용할 수 있어 효과적이다.

　마인드맵 전도사이자 전문가인 척 프레이Chuck Frey는 시각적 개요의 매력과 가치를 이렇게 설명했다.[1]

　마인드맵 소프트웨어는 정보를 선별하는 데 최적화된 도구다. 논의 주제와 그 근거를 자유자재로 보여줄 수 있고, 의미와 맥락을 풍부하게 하는 주석과 관련 정보를 덧붙일 수도 있으며, 아이디어를 실행하면 벌어질 수 있는 경우의 수를 제시할 수 있어 …… 방대한 정보와 지식 및 아이디어를 모으고, 체계적으로 구성하고, 평가하며, 실행할 수 있게 한다. 정보와 아이디어를 이처럼 효과적이면서도 유연하게 다룰 수 있는 소프트웨어는 없다.

마인드맵은 프레이 같은 전도사의 입을 통해 조직적으로 퍼지고 있다. 그는 "자기 생각을 스스로 평가하고, 발전시킬 수 있는 시각적 기초를 닦아주기 때문에" 보잉Boeing 사 등의 기업에서 마인드맵을 적극 받아들인다고 설명한다.

마인드맵은 일반적인 업무 기술로 자리 잡아가고 있다. 보잉사에서는 마인드맵을 알리고 그 활용을 독려하기 위한 사내 포럼을 열기도 했다.

마인드젯Mindjet은 〈포천〉 지 선정 100대 기업 중 80퍼센트 이상이 사용하는 마인드맵 소프트웨어 업체다. 이들의 프로그램을 활용하면 누구나 과적된 정보를 체계적으로 정리할 수 있다. 마인드젯뿐 아니라 무료인데다 조금 더 쓰기 쉬운 버블어스Bubbl.us 등을 이용해 우리는 머릿속을 시각적이고 논리적이며 직관적으로 표현할 수 있다.

마인드맵보다 실용적인 브리프맵

점점 더 많은 회사들이 마인드맵을 받아들이고 있지만 그것만으로는 충분하지 않았다. 상당수가 마인드맵조차 복잡하고 어수선하다며 내게 자문을 구해온 것이다. 그래서 마인드맵의 한 종류지만, 그 형태와 기능을 개선하여 의사소통의 질을 높인 브리프맵을 개발하기로 마음먹었다.

　배경 지식이 없으면 얼른 알아보기 어려운 마인드맵에 비해, 브리프맵은 누구나 이해하기 쉽다. 중요한 정보를 수용자의 관점에서 설명하고 요약해주기 때문에 아주 실용적이다. 보고의 윤곽을 잡아주고, 회의 내용을 간략하게 정리하며, 다양한 전략을 종합해준다. 기업 비전을 또렷하게 표현하고, 신제품의 특징을 부각시키며, 이해하기 어려운 현안이나 새롭고 선진적인 기획을 간단히 정리할 수도 있다. 브리프맵은 주제가 옆길로 새지 않고, 명확한 일관성을 지킬 수 있도록 돕는다.

　브리프BRIEF의 각 알파벳은 지도를 구성하는 요소의 구체적 기능을 상징한다. 아래 그림에서 브리프 박스Brief Box라 부르는 가운데 풍선은 전달하려는 내용의 핵심이자 헤드라인이다. 브리프맵을 짜기 전에 아래의 다이어그램을 참고하여 계획표(워크시트)를 먼저 작성한다. 계획표를 쓸 때에는 말의 순서와 논리적 흐름을 고려하여 앞으로 하려는 모든 이야기를 담아낸다. 완성한 후에는 실제로 브리프맵을 그려보자.

　모든 브리프맵은 다음의 순서로 정리한다.

B ｜ 배경Background 또는 서론Beginning

R ｜ 근거Reason 또는 타당성Relevance

I ｜ 핵심 정보Information

E ｜ 결말Ending 또는 결론

F ｜ 받거나 하리라 예상되는 추가 내용Follow-up 또는 질문

브리프맵으로 성공한 밥

다음의 상황을 생각해보자. 밥은 회사의 전산 및 IT 기반시설을 교체하고 업데이트하는 프로젝트를 맡고 있다. 생산성을 급격히 높일 수 있는 일인 만큼, 그 진행 과정을 CEO에게 주기적으로 보고해야 한다. 프로젝트가 절반쯤 진행됐을 때, 그 전략적 중요성을 알고 있는 CEO가 밥에게 업무 보고를 지시했다.

잘못된 접근법 : 준비가 부족했다

불확실한 성공 가능성, 초과된 비용, 지연된 일정 등으로 이 프로젝트는 예상했던 것보다 더 어려운 상태였다. 밥 자신과 그의 회사 모두 위태로운 셈이었다. 그럼에도 불구하고 이번 기회에 자신의 능력을 증명하면 그는 승진을 노려볼 수도 있었다. CEO에게 긍정적인 인상을 남기고 싶었던 밥은 당장 대표실로 들어갔다.

처음에는 몇 가지 주요 사안을 짚으면서 순조롭게 보고를 이어가는 듯했다. 그러나 조금씩 옆길로 새기 시작하더니, 밥은 시급히 해결해야 할 현안들을 어떻게 처리해야 한다는 건지 갈피를 잡지 못했다. 미세한 내용까지 잔뜩 늘어놓은 탓에 CEO는 요지조차 파악할 수 없었다. 게다가 그가 조금 더 깊이 파고드는 질문을 던지자 밥은 허둥지둥 변명하듯 말했다. 한참 동안 이어진 보고는 그렇게 결론도 없이 끝나고 말았다. CEO는 이번 프로젝트가 끝나기나 할지 의심하기 시작했고, 그는 물론 밥도 자신감을 잃었다.

올바른 접근법 : 브리프맵으로 맥락을 짚다

CEO가 얼마나 바쁜지 알고 있기 때문에 밥은 보고에 앞서 브리프맵을 작성했다. 빈틈없이 짜놓은 맥락에 따라 핵심을 정확하게 짚어나갔다.

1단계 : 브리프 박스

밥은 강력한 첫마디(헤드라인), 즉 브리프 박스를 만들었다. "프로젝트는 계획대로 진행 중입니다."

2단계 : B 배경 및 서론

'좋아. 첫마디를 떼고 난 다음엔 어떻게 보고를 이어나갈까? 서두는 어떻게 꺼내고 전후 사정(배경)은 어떻게 설명할까? 전에 대표님은 연달아 질문을 던지면서 몇몇 문제를 집중적으로 살펴보려고 했지. 전에 어떤 얘기를 했는지 기억하실 테니 거기서부터 시작해야겠다. 처음 몇 분 동안 그렇게 분위기를 만들고 나서 오늘 보고해야 하는 이유를 설명하면 되겠다.' 이런 생각 끝에 밥은 보고를 시작했다. "전에 물으셨던 부분은 이렇게 진행해가고 있습니다."

3단계 : R 근거와 타당성

'내가 굳이 지금 대표님께 보고해야 하는 까닭이 뭘까? 바로 이 시점에 긴급하게 처리해야 할 일은 뭐지?' 밥은 프로젝트를 예정대로 진행하기 위해 몇 가지 추가 물품을 구입해야 한다고 설명했다. 그러면서 이전에 보고했던 진행 내역이 어떻게 이어지고 있는지 분명하게 밝히고, 그에 알맞은 헤드라인을 각각 뽑아냈다.

4단계 : I 핵심 정보

'이번 보고의 핵심은 뭐지?' 밥은 대표에게 보고할 3가지 주요 내용을 정했다. 그가 고른 필수 요소와 핵심은 다음과 같다.

① 프로젝트는 어디까지 진행되었나?
② 프로젝트는 일정에 맞춰 진행되고 있는가?
③ 이후 진행에 꼭 필요한 것은 무엇인가?

CEO가 흐름을 잘 따라올 수 있도록 밥은 이 3가지 핵심에 맞는 세부 내용을 준비하고, 보고 순서를 정했다.

5단계 : E. 결말 및 결론

보고를 끝내고, 자신 있게 결론에 도달할 순간을 정해야 한다. 밥은 앞으로 진행할 업무를 간략히 설명하고 결론 내렸다. "내일 비용 정산서와 새로운 일정표를 드리겠습니다."

6단계 : F. 예상 질문에 대한 보충 설명

끝으로 밥은 CEO가 궁금해할 만한 내용을 찬찬히 짚어보았다. 이러한 과정은 브리프맵을 더욱 명확하고 짜임새 있게 만든다. "프로젝트가 일정에 맞춰 잘 진행되고 있다고 보고하고 나서, 대표님이 피드백과 함께 몇 가지 질문을 해주셨으면 좋겠어. 그래야 명확하게 잘 이야기했는지 알 수 있으니까."

밥은 CEO가 다음과 같은 질문을 하리라 정확히 예상했다. '이런 부분 때문에 일정이 밀리거나 초과 비용이 발생하지는 않나?' '아직 드러나지 않은 리스크는 없나?' 아니나 다를까, 밥이 예상 질문에 대한 답변을 먼저 말하자 CEO는 밥이 자신의 마음을 읽었다고 생각했다.

결과 : 성공적인 업무 보고

이 모든 내용을 브리프맵으로 정리한 덕에, 밥은 명확하고 일관성 있게 잘 짜인 보고를 할 수 있었다. CEO가 업무 흐름을 쉽게 이해한 것은 물론이다. 그는 준비된 자세로 들어와 5분 안에 모든 보고를 마

첫다. 만족한 CEO는 밥에게 필요한 모든 것을 지원하고 결재를 내렸다. 간결하게 말하기 위해 시간을 들인 덕분이었다.

　어느 임원이 남긴 유명한 경구가 있다.

　"간결하게 말하고 떠나라."

브리프맵의 이점

간결함은 미리 준비하고, 얼개를 짜놓아야 가능해진다. 브리프맵의 주요 단계를 모두 준비해야 청중에게 필요한 핵심 정보를 모두 갖추었다고 확신할 수 있다. 그러고 나면 미리 체계를 세워놓은 메시지를 그 저 전하기만 하면 된다.

크리스마스이브에 아이들에게 선물할 자전거를 사왔다. 그런데 그 자전거가 조립돼 있지 않다고 상상해보라. '아 이런, 내가 조립해야 하 잖아.' 그 순간 얼마나 암담하겠는가. 반대로 자전거 상자에 "조립 완 료"라고 적혀 있다면 얼마나 마음이 놓이겠는가.

브리프맵은 바로 그런 역할을 한다. 듣는 이에게 "조립 완료"라는 메시지를 전하는 것이다. 상대는 새로운 정보를 다시 해석하고 익히 지 않아도 되니 안도한다. 헐거운 부분 없이 바로 탈 수 있도록 준비된 자전거, 그것이 바로 듣는 이가 누릴 수 있는 최고의 이익이다.

한마디로, 브리프맵은 간단명료한 의사전달을 가능케 하는 새로운 시각적 개요다.

✔ 그냥 말하라

나이키Nike의 한마디는 옳았다. "그냥 하라Just do it." 이 문장은 운동선수들에게 용기 를 불어넣었다. 당신의 임무는 신속하게, 그리고 분명하게 말하고 끝내는 것뿐이다. 빠르 고 치밀할수록 좋다. 좋은 운동경기가 그렇듯이.

이야기하라
: 내러티브의 힘

스티브 잡스의 프레젠테이션

"때로 혁명적인 제품 하나가 모든 것을 바꿉니다." 스티브 잡스Steve
Jobs는 2007년 맥월드MacWrold에서 첫 번째 아이폰을 공개하는 전
설적인 프레젠테이션을 시작했다.[1] 지금도 유튜브에서 찾아볼 수 있
는 이 발표는 내러티브의 모범답안이다. 본인은 의식하지 못했을지라
도, 잡스는 전략적 내러티브를 탄탄하게 구축하여 핵심 메시지를 성
공적으로 전달했다.

처음에 그는 그날 무대 위에 선 목적부터 이야기했다. "오늘, 애플
은 핸드폰을 다시 발명했습니다." 그러고는 매킨토시부터 아이팟과
아이튠즈까지, 애플이 언제나 사람들이 근본적으로 원하는 획기적 제

품을 탄생시킨 회사였음을 이야기했다.

좋은 내러티브에는 언제나 악당이나 갈등이 있다. 잡스의 프레젠테이션에는 자신의 의무를 다하지 않는 애플의 경쟁사가 등장한다. 이들 기업의 핸드폰은 직관적으로 사용할 수가 없다. 잡스는 경쟁사를 이렇게 조롱한다.

"가장 발전한 핸드폰을 스마트폰이라고 합니다. 인터넷을 쓸 수 있다고들 하죠. 그런데 그게 갓난아기 수준입니다. 스마트하지도 않고 사용하기도 어렵습니다."

잡스는 애플이 한 걸음 더 나아가 스마트하고 사용하기 쉬울뿐더러 모바일 기기의 무수한 문제를 해결해줄 혁신적 제품을 만들어야 했다고 설명했다. 인터넷을 쓰고, 통화를 하고, 음악을 들을 수 있는 사용자 친화적 기기가 필요했던 것이다. 그는 브랜드 목표를 밝혔다. "우리는 지금껏 그 어떤 모바일 기기보다 스마트하고 사용하기도 훨씬 쉬운, 차원이 다른 제품을 만들고 싶었습니다."

잡스는 애플이 사용자 인터페이스와 핸드폰 소프트웨어를 개선해냈다고 장담했다. 그리고 그 구체적인 방법을 '묘사'하여 프레젠테이션의 핵심을 확고히 다졌다. "누가 스타일러스 펜을 원합니까? 스타일러스를 꺼내고 집어넣고, 그러다가 잃어버리고. 웩, 누구도 스타일러스를 쓰고 싶어 하지 않습니다. …… (아이폰은) 지금껏 나온 그 어떤 터치 화면과도 비교가 안 되는 정밀함을 자랑합니다. 의도하지 않은 터치는 무시합니다. 대단히 스마트하죠. 손가락 여러 개로 조작할 수도 있습니다."

프레젠테이션이 끝나자 우레와 같은 박수가 쏟아졌다. 잡스는 고객 제대로 조사해, 잘 짜인 이야기를 들려주는 것은 서비스나 물건을 그저 판매하려드는 것보다 더 효과적이다.

PR 회사 케첨Ketchum의 전무로 일할 때 나는 비자VISA와 IBM, 코닥KODAK 등에서 새로운 프로젝트를 유치하기 위해 여러 프레젠테이션을 진행했다. 케첨을 떠난 후에는 정반대의 일을 했는데, 당시 클라이언트가 PR 회사를 함께 선정해달라고 요청한 것이다. 반대편의 시각에서는 그 과정이 어떻게 보일지 기대되었다.

우리는 6개 기업의 프레젠테이션을 각각 1시간씩 지켜보았다. 그때 모두 기본적으로 같은 말을 하고 있다는 인상을 받았지만 단 한 곳, 에델만Edelman이라는 회사는 달랐다. 랜디 피처가 이끄는 에델만 팀은 철저한 조사를 거쳐, 시장 변화의 추이를 클라이언트에게 상세히 이야기했다. 그들은 내러티브에 집중하고 있었다. 클라이언트를 이야기의 주인공으로 하여, 성공 방법에 대해 *함께 대화했다.* 명확하고, 논리적으로 타당하며, 전략적인 프레젠테이션이었다.

경쟁 PT가 끝나고, 기업홍보팀 부서장이 후보사의 점수를 매기기 위한 체크리스트를 건넸다. 다음 날, 부서장은 최종 후보를 두 군데 골라달라고 했지만, 내게는 하나뿐이었다. "에델만이죠. 다른 회사 모두가 팔려고만 하는 데 반해, 에델만은 업계를 선도할 방법과 까닭을 *이야기*했습니다."

스토리 텔링은,

- **긍정적인 인상을 남긴다.** 판매는 평범한 프레젠테이션일 뿐이지만, 이야기는 대화처럼 느껴진다.
- **참여를 이끌어낸다.** 좋은 이야기일수록 듣는 사람은 함께 대화하고 있는 듯 느낀다.
- **정중하고 전문적이다.** 사람들은 대접받기를 원하지, 조종당하기를 원하지 않는다.

나의 아주 상당히 무지막지하게 긴 구매 권유

의 체험과 감정을 기초로 제품에 내러티브를 입혔다. 그 결과, 아이폰이 가장 혁신적이고 영향력 있는 기기인 까닭이 제대로 전달된 것이다.

그는 핸드폰의 모든 기능과 특성을 일일이 나열하는 대신, 관중 모두가 받아들일 수 있는 설득력 있는 *이야기*를 택했다. 내러티브라는 틀을 갖추면 신제품을 출시하고, 홍보하는 과정 자체가 완전히 달라진다. 이러한 개인적인 연결(유대감)은 그 순간 바로 효과가 나타나 오랫동안 이어진다.

누구나 할 수 있는 말은 하지 마라

어느 기업의 홈페이지에 들어가 소개 글을 읽었는데도 뭐하는 곳인지 알 수 없어 난감할 때가 있다. 온라인뿐만 아니라 회의에서, 프레젠테이션에서, 학회에서도 자주 벌어지는 일이다. 기업은 일방적으로 떠들어 댈 뿐, 상대방에게는 아무것도 알려주지 않는다.

내게는 뉴욕에서 비즈니스 컨설턴트로 일하는 사촌이 있다. 어느 날 그는 다른 컨설팅 회사의 임원직에 지원해보라는 인사 담당자의 연락을 받았다. 면접을 준비하기 위해 그 회사의 홈페이지에 들어가 몇 가지 자료를 읽어본 그는 당황스러워졌다. 구체적으로 어떤 일을 어떻게 해왔는지 감을 잡을 수 없었기 때문이다. 그는 내게 전화를 걸어 이 회사가 진짜 무엇을 하는 곳인지 해독 좀 해달라고 했다.

"내가 요점을 못 잡고 있는 것 같은데, 나만 그런 건가?" 전화에 대고 하소연하면서 그는 자신이 그들의 인재 상에 잘 맞는지 알 수가 없다고 했다. "너라면 조금만 들여다보면 그 회사가 어떤 데인지 알 것 같아서."

"법의학적 메시지 해부는 내 전문 분야가 아닌데." 농담을 건네면서 나도 그 회사 홈페이지에 들어가 단서가 될 만한 것을 찾아보았다. 하지만 비즈니스 용어만 길게 나열했을 뿐, 구체적으로는 아무것도 설명하는 바가 없었다. IT 컨설팅 회사라면 어디나 할 법한 이야기뿐이었다.

"마이크, 여기는 회사 소개를 하면서 그저 흠 잡히지만 않길 바랐나 봐. 그래서 비즈니스 용어만 길게 늘어놓은 거지. 그게 안전해 보이니까. 뭐든 다 한다고 말하는 건 결국 아무것도 말하지 않는 거나 마찬가지야. 회사 대표에게 전화해서 *주관식 질문*을 던질 수밖에 없겠는데."

"어떻게?"

"주요 클라이언트가 어디인지 물어보는 거야. 지속적으로 거래하는 데는 어디고, 클라이언트가 그 회사와 계약하는 이유도 묻고. 대표가 구체적으로 말할 수 있게 말문을 터주는 거지. 그러다 보면 그 회사가 뭘 하는 곳인지도 확실해지고, 네가 그 직급과 직무에 맞는지도 알 수 있을 거야."

"통화하기 전에 준비부터 먼저 좀 하고 싶은데." 마이크가 주저하며 말했다.

"그 마음 알아. 하지만 그쪽에서 연막작전을 펼치고 있으니 직접 듣지 않는 한 뭐하는 곳인지 알 길이 없어."

"그건 그렇다. 그럼 전화하고 알려줄게."

이런 사례는 비일비재하다. 기업들은 언제나 이런 식으로 사람을

모든 것을 말하면 아무것도 들리지 않는다
핵심을 짚지 않으면 그들은 당신이 아닌 스마트폰을 들여다볼 것이다.
그런 일은 애초에 벌어지지 않게 하라.

미치게 한다. 모든 것을 말하면서 동시에 아무것도 말하지 않는다.

내 사촌을 곤란하게 했던 불명확한 메시지와는 정반대의 사례도 있다. 시카고에 있는 한 부티크 에이전시는 아주 분명하고 또렷하게 자신들이 어떤 일을 해낼 수 있는지 설명하고 있다. 시장 변화에 유연하게 대처하고자 애는 쓰지만 결국 실패하고야 마는 비즈니스 조직의 이야기를 소개한 것이다. 홈페이지에 들어가자마자 나는 그 간명한 줄거리에 깜짝 놀랐다.

"조직의 생존과 성장을 위해 혁신하고자 노력하는 소수의 경영진이 있습니다. 그런데 이들은 그 혁신을 직접 실행할 실무진과 단절되어 있습니다. 소수가 미래의 청사진을 그리면 다수는 이를 실현하기 위해 고군분투해야 하지만, 그 사이에는 뛰어넘기 어려운 간극이 도사리고 있는 것입니다."

이야기를 읽자마자 그들이 전하려는 메시지를 이해할 수 있었다. 읽는 이를 그 상황 속으로 끌어당기는 내러티브였다. 우리는 무지한 소수와 무능한 다수를 안타까워하면서 자연스레 해결책을 바라게 된다. 그리고 궁금해한다. 그 간극을 메우는 게 가능할까?

이것이 좋은 내러티브의 힘이다. 좋은 내러티브는 우리에게 직접 말을 걸고, 핵심 메시지도 바로 보여준다. 기억하기도 쉬울뿐더러, 해당 제품이나 서비스를 욕망하게 만든다.

애플과 같이 내러티브를 활용할 줄 아는 기업은 고객과 직접 소통하고, 오랫동안 영향을 미칠 수 있다. 내러티브를 적절하게 활용할 줄 모르는 기업은 충분한 정보를 제공할 수도 없고, 혼란과 짜증만 유발한다.

내러티브와 스토리텔링의 재발견

누구나 이야기를 좋아한다. 그러나 기업에서는 그 중요성을 누구도 알아채지 못했다. 다행히도 최근에는 이야기를 전략적으로 사용해 사람들의 이목을 끄는 사례가 점차 늘고 있다. 내러티브는 그저 써먹어 볼 수도 있는 *선택* 사항이 아니다. 강력하고 보편적이며 지속적인 이해를 구축하는 필수 관문이다.

좋은 이야기는 읽고 난 뒤에도 머릿속에 오래 남는다. 그런데 그런 걸 들려주는 기업이 얼마나 되는가? 기업이 하는 이야기는 모두 똑같이 들리는 탓에 돌아서면 잊히기 일쑤다.

물론 훌륭한 이야기를 만들고 전파한 조직도 있다. 이를 테면, 사우스웨스트 항공Southwest Airlines의 공동 설립자이자 전임 CEO인 허브 켈러허Herb Kellerher는 새로운 항공이란 무엇인지 강력한 메시지와 이미지를 보여준 바 있다.

켈러허가 구축한 내러티브는 단순하면서도 흡입력 있고, 아주 재미있었다. 새로운 항공에 대한 그의 아이디어는 순식간에 유명해졌다. "우리는 여러분의 짐을 사랑합니다. 가방은 공짜로 날아가요"라는 문구로 유명한 무료 수하물 서비스, 무료 음료 및 땅콩 서비스에서 가져온 "사우스웨스트의 땅콩(또는 괴짜들-Nuts)에 대하여"라는 이름의 블로그, "흡연은 비행기 날개 위의 스카이라운지를 이용해주십시오. 그곳에서는 〈바람과 함께 사라지다〉가 상영 중입니다"라는 기내 금연 안내, "직원이 첫 번째고, 고객은 그다음이다"라는 말로 대표되는 '직원을 웃게 하는 회사, 고객을 즐겁게 하는 직원'의 신념과 LUV라는 이름의 주식 종목명 등 켈러허의 'Fun 경영'은 지금껏 이어지는 사우스웨스트의 전통이 되었다. 그곳 직원들은 여전히 그가 제시한 비전을 되새기고 있다.

애플이 핸드폰을 재창조했듯이 사우스웨스트는 항공을 재창조했다. 그러나 아직도 많은 기업이 이야기의 진가를 제대로 알아차리지 못했다. 좋은 이야기를 만들어 퍼뜨린다는 생각은 '되면 좋겠지만 현실적으로는 어려운' 소리 같다.

오늘날 기업이 어떻게 의사소통하는지 살펴보라. 명확하지도 않고, 불필요한 정보를 덜어낼 수 있는 자제력조차 없다. 주제가 무엇이든 컨퍼런스에 참석해본 사람들은 알 것이다. 며칠에 걸쳐 줄줄이 이어지는 프레젠테이션은 하나같이 지루하다. 딱딱한 정보만 몇 시간씩 떠들어댈 뿐, 온기나 인간성이라고는 찾아볼 수 없다. 그에 반해 이야기는 조금 더 인간적이고 정중한 의사소통이다.

수년 전, 나는 허브 켈러허의 강연을 들은 적이 있다. 그는 항공업계의 새로운 기준이 된 사우스웨스트의 특징과 용기를 딱 40분 동안 이야기했다. 상상해보라. 그의 한마디 한마디가 세세히 기억에 남았고, 대범하다 못해 남자답기까지 했다.

입장부터 극적이었다. 그는 비행기 조명을 쏘아 환하게 빛나는 아치형 입구를 지나 중앙 통로로 걸어 들어왔다. 관중은 즐거워하며 열띤 환호를 보냈고, 켈러허는 마치 황제처럼 보였다.

모든 CEO가 양복에 타이를 고수할 때에도 그는 비즈니스 캐주얼을 고집했다. 심지어 연설 중간중간에 위스키를 마시고 담배를 피우기까지 했다. 순수한 카우보이 같은 모습은 그의 담백한 이야기와 꾸

밈없는 말투에도 완벽하게 어울렸다.

나는 켈러허가 파워포인트를 좋아하지 않는다고 확신한다. 그는 열정적이면서도 신랄하게 말하는 사람이었고, 사우스웨스트 항공에 대한 자부심이 넘쳐흘렀다.

100년 전만 해도 스토리텔링은 널리 사용되는 기술이었다. 정보화 시대가 도래하면서 그 힘을 잃었지만, 사람들은 여전히 이야기를 좋아한다. 그러니 그 사랑을 되새길 필요가 있다. 견고한 내러티브를 구축하고, 많은 이들과 함께 나누어라.

이야기할 준비가 되어 있는가

파티를 준비하는 사람은 그 자리에 참석한 누구나 즐거워하도록 최선을 다한다. 그런데 업무 회의를 준비할 때에는 누구도 그런 고민을 전혀 하지 않는 것 같다. 회의는 왜 이렇게 지루한 걸까?

〈포천〉지 선정 500대 제조업체 중 하나에 근무하는 고객이 새로운 기획안을 발표하기 위한 대형 컨퍼런스를 준비하면서 나에게 도움을 청했다. 그는 컨퍼런스 마지막 날에는 임원진이 하루 종일 연설할 예정이라며 걱정이 이만저만이 아니었다.

"의제를 조금 더 흥미롭게 표현해야겠는걸요? 사람들이 이틀 내내 집중하는 건 분명 어려울 테니까요."

"마땅한 방법이 없습니다. 이 기획안과 관련된 사람 모두가 50분씩 발제하고, 10분 휴식하기로 했거든요."

컨퍼런스 기간 동안 파리처럼 죽어나가는 참석자들을 상상할 수 있었다. 꼼지락거리다가 멍해지고, 남몰래 스마트폰을 확인하면서 프레젠테이션에는 거의 집중하지 못할 것이다.

"제가 새로운 방법을 제안해도 될까요?"

"너무 늦었습니다. 이미 발제자가 다 정해져서 제 선에서는 할 수 있는 일이 없습니다." 문제는 파악했지만 그는 이미 두 손을 다 들어버린 뒤였다. "언제나 이랬거든요."

참석자들이 안쓰러워졌다. 첫날엔 그들 역시 새로운 전략 기획안에 열의를 보일 것이다. 교육 및 체험 시간에도 적극적으로 임할 것이다. 그러나 어느 순간부터는 다들 맥이 빠져 넋을 놓고 말리라.

"참가자들이 한숨 돌리고, 조금 더 견딜 수 있게 힘을 주는 시간을 마련해보면 어떨까요? 각 발제자를 짧게 소개하고 고향이나 취미, 모교 등을 포함해 그 사람 인생에서 중요한 부분들을 보여주는 거죠. 그러면 발제 시간은 좀 짧아질 텐데요." 나의 제안은 여기서 끝나지 않았다.

"유튜브에 올라오는 짧은 동영상 중에 발제자의 인생기와 비슷하면서도 재미있는 내용을 찾는 겁니다. 관중의 부담을 덜어주는 거죠. 가령 영업부장은 크리스 파리의 영화 〈크레이지 토미 보이〉에서 유능한 협상가였던 돌아가신 아버지의 뒤를 잇고자 고군분투하는 남자처럼 보일 수 있겠죠. 아니면 〈밥에게 무슨 일이 생겼나?〉라는 영화의 주인공 빌 머레이가 대학생 선원인 여성을 얕보고 돛대에 매달리는 웃긴 장면을 보여주는 것도 좋고요."

이 아이디어는 엄청난 성공을 거두었다. 천편일률적이던 소개 순서가 각 발제자를 흥미롭게 보여주고 들려주는 엔터테인먼트로 탈바꿈했다. 재미있고 짧은 동영상은 한 사람 한 사람에 대한 패러디였다. 컨퍼런스가 끝나고 몇 달이 지난 뒤에도 사람들은 여전히 그때의 동영상 소개를 기억하고 있었다.

기자처럼 생각하라

이 책을 읽는 당신은 기자가 아니며 기자처럼 생각하지도 않는다. 하지만 이제부터는 그렇게 해야 한다. 중요한 정보를 주기적으로 전달하면서 사람들의 관심을 사로잡고 싶다면 집중적인 저널리즘 훈련을 받아보라.

대학 학보사에서 활동할 때 나는 기사 작성을, 특히 스포츠 관련 기사를 좋아했다. 기사 작성으로 시작해서 나중에는 주간 칼럼도 썼다. 시카고 로욜라 대학교의 학우들이 어떤 기사에 관심을 보일지는 예측할 수 없었다. 그런데 훗날 〈타임Time〉지와 폭스 뉴스Fox News에서 일한 친구 그레그가 그때 내게 큰 교훈을 줬다. 그는 특종에 언제나 열정을 보였다.

직장 생활을 하기도 전에 배운 그 교훈은 바로 독자와 청중의 관심을 사로잡는 법이었다. 그와 나눴던 대화는 브랜드 홍보 및 비즈니스 전략의 세계에 발을 들인 후로도 호소력 있는 이야기를 구성할 수 있는 단초가 되어주었다. 언론을 통해 배운 교훈 중 기업에 적용시킬 수 있는 것은 뭐가 또 있을까?

알고 보니 아주 많았다.

한번은 세계적 설비업체의 임원진 200명과 함께 스토리텔링 훈련을 진행한 적이 있었다. 고위급 간부들이 아주 긴 이야기를 3분짜리로 줄이도록 도와주는 리더십 회의였다. 이 훈련에서 참가자들은 줄거리를 요약하고, 복잡한 내용을 밀도 있는 내러티브로 간소화하는 기초를 배웠다.

그들은 내가 소개한 저널리즘 방식을 마음에 들어 했다. 그 워크숍에서 추려낸 이야기의 핵심 요소는 다음과 같다.

① 강력한 헤드라인
② 설득력 있는 첫 문단
③ 뚜렷한 갈등
④ 직접 말을 건네는 듯한 문체(또는 말투)
⑤ 일관성 있는 맥락
⑥ 논리적인 사건 전개
⑦ 입체적인 인물
⑧ 강렬한 결론

앞뒤가 맞아야 하고, 설득력 있어야 하며, 해결책을 제시해야 하는 건 물론이다. 호소력 있는 이야기를 만들어내기 위한 언론인의 노력에는 배울 점이 많다. 이야기는 뉴스를 일방적으로 전달하기 위한 것이 아니다. 오히려 수많은 사람을 한데 모아 연결고리를 만들어준다. 언론인이 그렇듯 우리도 좋은 이야기의 조건을 진지하게 고민해야 한다. 점점 더 많은 조직이 저널리즘의 가치를 인정하기 시작하는 만큼, 좋은 이야기를 나쁜 이야기로 변질시킬 수 있는 위험 요소 또한 조심해야 한다.

최고의 결과를 내기 위해 언제 어떻게 스토리텔링을 활용해야 하는지, 그 몇 가지 조건을 제시한다.

1. 짧게 말하라

이야기의 길이는 반드시 조절해야 한다. 내러티브를 만드는 과정을 익히고 써먹다 보면 지나치게 흥분해 장황해질 수 있다. 이는 지루하고 아둔한 비즈니스 언어를 생기 있는 인간의 언어로 바꿀 때 벌어지는 자연스러운 현상이다.

스토리텔링과 (다시) 사랑에 빠지면 청중의 관심을 지나치게 오래 붙잡아두고 싶은 유혹도 커진다. 역설적이게도 한 가지 문제를 해결한 내러티브가 또 다른 문제를 낳는 셈이다.

곁가지는 쳐내고 핵심만 남겨라.

2. 우화나 옛날이야기에 빠지지 마라

때로 사람들은 더 폭넓고 심오한 예술을 하려고 든다. 온갖 내러티브 이론과 우화, 풍자, 심지어 신화까지 끌어들이는 것이다. 더 나쁜 경우는, 스토리텔링을 두려워하는 일부 기업이다. 그들은 심각한 비즈니스 문제를 이야기로 만들면 우스갯거리가 되거나 메시지의 무게감이 떨어지리라 생각한다.

우리는 여기서 아름다운 동화나 할머니의 옛날이야기를 말하려는 것이 아니다. '누가, 언제, 어디서, 무엇을, 어떻게, 왜'를 설명하는 비즈니스 내러티브를 논하고 있다. 이러한 이야기는 비즈니스 이슈와 전략적 결정, 새로운 트렌드, 시장의 복잡한 변동 등을 이해하기 쉽고, 친근하게 만들어준다. 애플이나 사우스웨스트 항공의 이야기가 바로 인간적인 방법으로 소개해 큰 성공을 거둔 사례다. 누군가 신화나 〈스타워즈〉 줄거리를 길게 이야기할 때면, 나 역시 제발 빨리 끝나기만을 바란다.

중요한 정보를 쉽고 간단하게 만들어라.

3. 스토리텔링을 홍보하지만 말고 가르쳐라

스토리텔링은 반드시 배워야 하는 실용적이고 효과적인 기술이다.

시류에 편승하여 모든 종류의 의사소통을 스토리라 일컫는 기업도 있다. 그러나 사람들 대부분은 방대한 정보를 설득력 있는 내러티브로 옮기는 방법을 제대로 알지 못하고, 간결하게 압축하기도 전에 성급하게 공유해버린다.

어느 회사의 관리팀에게 스토리텔링을 교육한 적이 있다. 시장 변화 및 관리에 주력하는 컨설팅 회사와 협력하여 나는 고객사의 관리팀이 내러티브를 구축하고 공유할 수 있도록 맞춤형 워크숍을 고안하였다.

워크숍은 흥미진진했고 이해하기도 쉬웠다. 주제가 주어지면 팀장들은 4명씩 1팀을 이루어 이야기를 만들었다. 각 팀은 이야기의 원류(중심 내용)와 각종 지류며 삼각주 등의 지형(뒷받침 내용)을 그려볼 수 있는 워크북을 받아 작업했다.

"팀장들이 지루하고 장황한 주제를 압축적인 이야기로 바꾸는 게 아주 인상적이었습니다. 몇 주 뒤에 그들이 이야기를 '흘려보내는' 것을 들었는데, 팀장들이 비즈니스 언어를 짧고 달콤하며 핵심을 정확히 짚는 말로 바꾸어냈더라고요." 고객사의 워크숍 담당자가 말했다.

스토리텔링의 존재를 알리기만 하고, 그 방법을 가르치지는 않는다면 사람들은 피로와 불만만 느낄 것이다. 이야기를 짜임새 있게 구축하고 공유하는 기술이야말로 간결함으로 나아가는 지름길이다. 단순한 자기계발이 아니다. 간결한 내러티브는 스스로를 자신의 직업에 최적화하는 일이다.

내러티브맵의 구축

내러티브맵을 구성하는 요소들은 메시지를 더 쉽고 명확하게 만들고, 맥락을 갖추어준다. 전략적 내러티브맵을 그리기에 앞서 다시 스티브 잡스의 아이폰 출시 프레젠테이션으로 돌아가보자.

내러티브맵은 시계 방향으로 형성된다. 가운데 풍선에서 시작해 시계 방향으로 풍선을 하나씩 덧대어가는 것이다.

1. 중심 내용

내러티브의 핵심이다. 헤드라인과 비슷하며, 이야기의 핵심을 설명하고 구분한다. 잡스의 프레젠테이션은 제품 혁신에 대한 이야기인가, 아니면 시장 변화나 경쟁 등에 관한 이야기인가?

2. 과제

스마트폰 시장에는 어떤 과제나 갈등, 쟁점이 있는가? 이런 문제를 누가, 왜 발생시켰는가? 이러한 질문을 던져 이야기의 주요 쟁점을 보여줄 수 있다.

3. 기회

타깃 시장의 쟁점이 조직에 미치는 영향이나 기회는 무엇인가? 사람들은 이를 충족되지 않은 욕구나 결정적 순간이라 부른다. 변화를 만들어내거나 문제를 해결할 수 있는 기회다.

4. 전개

이야기를 어떻게 시작할 것인가? 서너 가지 주요 인물이나 핵심 요소는 무엇인가? '언제, 어디서, 어떻게'에 해당하는 것은 무엇인가? 이야기 전개는 어떻게 해나갈 것인가?

5. 결말

좋은 이야기에는 최종 결론이나 성공적인 결말이 있다. 예를 들어, 혁신을 주제로 하는 이야기에서 회사가 실행할 수 있는 방법 4가지가 있다고 해보자. 이런 혁신이 창출할 이득에는 어떤 것이 있는가? 이야기는 어떻게 결론지을 것인가? 그 이득은 누구에게 돌아갈 것인가?

　내러티브맵은 지루한 비즈니스 언어를 흥미진진한 이야기로 바꾸어주는 필터다. 방대한 정보를 종합하여 논리적이고 전략적이며 맥락을 갖춘 시각적 개요이기도 하다. 또한 이야기를 사실적이고 임팩트 있게 만들기 때문에 듣는 이의 신뢰를 높인다. 분량도 1쪽에 불과하니 간결하다.

내러티브를 짜놓으면 고객이나 투자자, 협력업체, 직원 등 핵심 청중과 메시지를 공유하기도 쉽다. 게다가 시작한 지 5분도 안 되어 사람들이 제대로 이해했다며 고개를 연신 끄덕이는 모습까지 볼 수 있을 것이다.

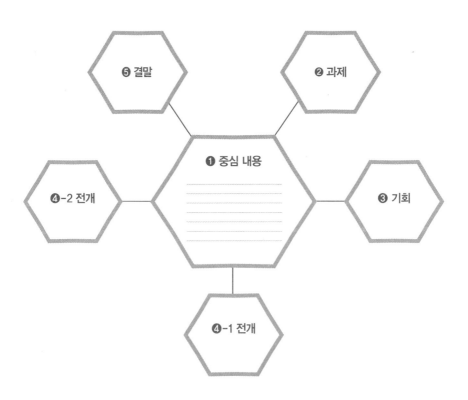

보고 듣는 것이 믿는 것이다

신용카드 거래를 관리하고 금융기관 및 상인에게 광범위한 전자 금융 기술을 제공하는 회사가 있다. 기존의 금융 거래를 넘어선 새로운 상거래 서비스를 기획하면서 이 회사는 결정적 순간을 맞이했다. 그러나 출시가 코앞인데 핵심 메시지에 대한 사내 합의가 이루어지지 않고 있었다. 그래서 내게 내러티브맵을 구축하고 이야기의 주요 흐름을 만들어달라고 요청했다.

유니버설 커머스Universal Commerce라 불리는 그 새로운 서비스는 진화된 형태의 상거래였다. 그러나 사내에서 그 이름이 적합한지를 두고 논쟁이 끊이지 않았다. 유니버설 커머스라는 말이 업계 트렌드나 서비스의 특징을 잘 반영하고 있는가?

나는 10명 남짓한 주요 관계자들을 한자리에 모아 내러티브맵을 구축해나갔다. 상세한 논의를 통해 관계자들은 해당 사안과 관련한 모든 것을 하나의 이야기로 생각하기 시작했다.

그들은 스스로 물었다. "무엇이 변화를 이끄는가?" 우리는 화이트보드에 주제와 핵심 쟁점을 나누어 작성했다. 결국 이야기 전체를 1쪽짜리 내러티브맵으로 만들어냈다. 개요는 시간의 흐름에 따른 상업의 변화였다. 전통적인 상거래 시대에 우리는 직접 상점에 가서 물건을 구입했다. 그러던 것이 온라인으로 물건을 사는 전자상거래로 옮겨갔고, 지금은 스마트폰과 모바일 기기를 통해 어디에 있든 쇼핑을 할 수 있게 되었으며, 오늘날 소비자들은 이 모든 거래를 통합된 형태로 경험하기를 원한다.

소비자와 상인에게 즉각 영향을 미칠 수 있는 이야기다. 특히 소비자들은 마술 같은 기술 발전에 따라 모바일 기기와 상거래 역시 각 개인에게 최적화되리라 기대하기 때문이다.

우리는 이 이야기를 바탕으로 화이트보드에 짧은 애니메이션을 그리고, 이를 화이트보드 내러티브라 불렀다. 내레이터의 설명과 음악에 맞춰 그림이 느리게 흘러갔다.

이야기를 깔끔하게 다듬기까지 몇 주가 걸렸다. 하지만 그동안 우리는 메시지를 내러티브맵으로 옮기지 않았다. 오래 걸리고, 손도 많이 갔지만 임원진과 영업팀이 곡해할 가능성을 차단하고자 했다. 내러티브맵을 강조하다 보면 이야기의 일관성과 아름다움을 해칠 수 있기 때문이었다.

영업팀을 대상으로 하는 대규모 프레젠테이션이 열리기 전날, 화이트보드 애니메이션 리허설을 진행했다. 기획팀은 회사 대표에게 애니메이션을 보여주었다. 대표는 이 프로젝트를 진두지휘하는 상무에게 간단히 말했다. "괜찮군." 그는 프레젠테이션 전체를 보기 전에 이미 스스로 해당 기획과 전략을 잘 *이해했다고 생각했다*. 모든 게 분명해졌다.

결국 이 내러티브는 수천 명의 깊은 공감을 얻었다. 프레젠테이션은 이렇게 진행됐다.

"이 이야기는 상거래의 과거와 미래입니다. 물건을 구입하는 방법이 어떻게 변했는지 보여주죠. 오늘날 소비자는 모든 것을 바랍니다. 가장 편리하고 개인적인 방법으로, 언제 어디서든 최고의 거래를 할 수 있기를 기대합니다. 우리는 이를 '유니버설 커머스'라 부릅니다.

사람들은 오랫동안 쇼핑 장소와 시간, 구매 방법을 스스로 정하지 못했습니다. 직접 상점에 가서 보이는 물건을 제시된 가격에 살지 말지 결정할 뿐이었죠. 그 후 전자상거래가 등장했습니다. 소비자들은 엄청난 힘과 선택권을 쥐게 되었습니다. 온라인 구매와 오프라인 구매는 아주 다른 경험이었습니다. 최근에는 스마트하고 다자간 소통이 가능한 모바일 기기가 등장했습니다. 이 기기들이 온오프라인을 통합하여 '모바일 상거래'를 만들어냈죠.

오프라인 쇼핑과 전자상거래를 융합한 모바일 상거래 서비스는 유니버설 커머스라는 이름의 새로운 세계를 열었습니다. 소비자들은 언제 어디서나 빠르고 지속적인 통합적 구매 경험을 할 수 있습니다.

한번 상상해보십시오. 딸아이의 생일 선물을 사려는 사람이 광고 이메일을 하나 받았습니다. 광고 중인 재킷 한 벌을 살펴보고, 온라인 후기도 읽어보고, 가격을 확인한 뒤 최저 가격에 장바구니에 담아두었습니다. 다음 날 그가 다른 볼일을 보러 나왔다가 어느 동네 상점을 지나갑니다. 그 순간 스마트폰으로 그곳에 재킷 재고가 있으니 지금 구매하면 더 할인받을 수 있다는 메시지가 옵니다. 그는 전자지갑에 있는 신용카드 포인트로 재킷을 삽니다.

계속 볼일을 보던 도중 이번에는 스타벅스Starbucks 앱을 열어 즐겨 마시는 라테를 주문합니다. 가는 길에 스마트폰으로 결제 방식을 선택하니 스타벅스에 도착했을 때 음료는 이미 나와 있고 계산은 다 끝난 상태입니다. 이제 그는 긴 대기 줄을 지나 음료를 손에 쥔 뒤 순식간에 그곳을 나옵니다.

소비자의 기대는 커지는데, 쇼핑과 결제 방식은 여전히 뒤처져 있습니다. 상인과 금융기관은 그 기대에 발 빠르게 맞춰가야 합니다. 이처럼 급격한 변화에 어떻게 적응하고, 완벽하게 통합된 쇼핑 경험을 제공할 수 있을까요?

빛나는 미래와 잠재력이 가득한 유니버설 커머스의 시대는 이미 우리 앞에 와 있습니다. 무수한 선택권 앞에서 우리는 모든 것을 가능하게 할 수 있습니다."

이 이야기에서 그 자리에 있던 모든 사람은 저마다 자기만의 개인적 의미를 찾았다. 영업사원은 이러한 비전을 어떻게 설명하고 서비스를 판매할지 깨달았고, 소비자는 이 회사가 자신들의 욕구를 완벽하게 이해하고 있다고 생각했다. 금융기관은 기술이 어떻게 사람들의 삶을 바꾸고 있는지를 이 회사가 제대로 안다고 확신했고, 상인은 소비자의 기대에 어떻게 부응해야 할지 아는 이 회사에 도움을 청하기로 했으며, 금융 평론가 역시 상거래의 진화를 주도하는 이 회사에 주목했다.

내러티브에는 강력한 설득력과 뚜렷한 목표가 있다.

한마디로, 명확하고 간결하며 설득력 있는 내러티브 스토리텔링을 통해 비즈니스 언어에 파묻힌 사람들을 구할 수 있을 것이다.

✔ 헤드라인으로 말하라. 그렇지 않으면 청중을 잃으리라

"듀이, 트루먼을 이기다" 같은 헤드라인은 사람들을 한눈에 사로잡고, 오랫동안 기억에 남는다. 이는 사람들이 가판대에서 신문을 집어 들게 하는 낚싯바늘이다. 지하철 옆자리에 앉은 사람의 신문지면을 보고 싶어 몸을 기울여본 적이 있는가? 헤드라인처럼 말하는 비즈니스맨은 청중을 바로 그렇게 만든다.

대화하라
: 절제된 대화와 TALC 트랙

간결함이란 대화를 없애버리는 일이라고 생각하는 사람들이 있다. 물론 틀렸다. 이 책의 목적은 오히려 그 반대다. 진정한 간결함은 재미있고, 유의미하며 절제된 대화를 만들어낸다. 끝없이 이어지는 대화가 가치 있다고 생각하는 사람은 없다.

절제된 대화란 제대로 훈련된 대화다. 서로가 무슨 말을 하는지 잘 알아듣고, 적극적으로 경청하면서 상대에게 무엇이 중요한지 알아가는 과정이다. 대화란 곧 상대방의 흥미와 동의를 구하는 일이다.

절제된 대화에서는 언제든 말을 멈출 수 있다. 누구 한 사람을 배제하거나 어색하게 하지도 않는다. 그 한 가지 예가 비행기 안에서 사람들에게 말을 건네는 경우다.

위험한 출장

여행할 때 나는 비행기 안에서 사람들과 즐거우면서도 간결한 대화를 나눈다. 하나같이 매력적이고 비행 내내 이어지지도 않는다. 만일 장거리 비행 중에 누군가의 이야기를 어쩔 수 없이 듣고 있는 데다 창가 자리에 앉아(갇혀) 있다면 그 상황은 악몽이나 다름없다.

이럴 때 나의 묘책이 궁금한가? 바로 적극적 경청이다. 다음은 스페인 행 비행기 안에서 벌어진 일이다.

"스페인에는 어쩐 일로 가시나요?" 내가 먼저 말문을 연다.

"의학 컨퍼런스가 있습니다." 상대가 대답한다.

"스페인 어디에서요?"

"바르셀로나요."

이 시점에서 나는 더 짧은 대답을 유도하거나 아예 대답을 하지 않게 할 수도 있다. 짧지만 좋은 질문은 대화를 여러 방향으로 이끌어간다.

단, 상대를 길고 거추장스러운 대화로 끌어들이는 3가지 실수만은 반드시 피해야 한다.

① 수동적 듣기 상대가 별 뜻도 없는 말을 되는 대로 주절거리도록 내 버려둔다. ⇨ 통제 불가

② 말할 차례 기다리기 상대가 한창 말할 때 끼어들어 내 이야기를 꺼낸다. ⇨ 2가지 다른 대화

③ 충동적 반응 상대가 말한 단어나 생각에 그때그때 되는 대로 답한다. ⇨ 명확한 방향 부재

적극적 경청
: 사람들에게 무엇이 중요한지 알기

미 특수전사령부에서 함께 일했던 이들은 내가 지금껏 만난 그 누구보다 재능 있고 헌신적이며 열정적인 전문가들이었다. 그들은 시민을 보호하기 위해 자신의 목숨을 아끼지 않을 뿐만 아니라, 어떤 분야든 필요한 기량을 향상시키기 위해 온 힘을 기울인다. 물론 배움을 향한 의지도 상당하다. 하지만 놀랍게도, 내 강의를 들은 대부분은 자신이 듣는 데엔 젬병이라고 고백했다.

적극적 경청은 간결함의 기초다. 간결함이 단지 말을 줄이는 것일 뿐이라고 생각한다면 의외일 것이다. 그러나 말하지 않을 때 귀 기울여 듣다 보면 청중에게 무엇이 중요한지 파악할 수 있다. 즉, 중요한 말만 골라서 할 수 있게 된다. 적극적 경청의 구성 요소는 다음과 같다.

- **종합하고 요약할 수 있다.** 적극적 경청은 무수한 정보를 수용하고, 간략하게 요약하며, 통합할 수 있는 기반이다.
- **지나치게 많은 말을 예방한다.** 좋은 질문을 건네고 잘 들으면 장황하게 말할 위험이 줄어든다.
- **대화를 이끌어간다.** 적극적으로 듣는 사람은 상대가 더 많이 말할 수 있는 질문 또한 던질 줄 안다.
- **더 인간적인 사람이 된다.** 공감 능력은 관심과 배려에서 비롯된다.

중요한 점은 사려 깊고 의도적인 질문을 건네 상대방 중심의 대화를 이끌어나가는 것이다. 이렇게 하면 그 사람에게 무엇이 중요한지 파악하고, 내 의지에 따라 대화를 조절할 수 있다.

절제된 대화는 테니스 게임이다

대화는 각 선수가 자기 차례에 경기를 한 뒤 기다렸다가 다음 차례에 나서는 골프 경기가 아니다. 오히려 테니스에 더 가깝다. 적극적으로 듣고 좋은 질문을 던지며 농담도 주고받는 것이다. 그러다 보면 균형 잡힌 리듬이 생긴다.

다시 말해, 둘이 아닌 하나의 대화를 해야 간결해질 수 있고 대화의 방향과 흐름을 통제할 수 있다. 이런 대화가 가능해지려면 경청해야만 한다. 귀 기울여 듣는 경우가 얼마나 드문지 아는가?

말을 많이 하지 않아야 상대에 맞춰 대화를 이끌 수 있다. 가만히 듣고 있다 보면 상대방은 말을 공평하게 주고받으며 두 사람 모두 대화를 마음껏 즐기고 있다고 생각할 텐데, 사실은 조금 다르다. 당신은 상대의 관심사를 밑받침 삼아 질문하고, 대답의 빈도와 내용을 절제하고 있기 때문이다.

"마드리드의 컨퍼런스에는 어쩐 일로 가시는지요?" 나는 조금 더 알고 싶었기에 질문을 던진다.

"제가 신경외과 의사거든요."

대화가 더 이어지길 원한다면 나는 조금 더 적극적인 답변을 이끌어낸다. "어디 의대 나오셨나요?"

대화를 그쯤에서 끝내고 한숨 자거나 책을 읽고 싶다면 나는 정중하게 말한다. "아, 그렇군요." 그러고는 더 이상 질문하지 않는다. 이렇게 잠시 멈추는 것만으로도 대화를 조절할 수 있다.

TALC 트랙
: 균형과 간결함을 위한 과정

TALC 트랙이란 발화Talk, 적극적 경청Active Listening, 대화Converse의 약자로, 간결하고 기억에 남는 대화를 위한 강력한 전략이다. TALC 트랙은 정해진 공식이 아니다. 상대방의 생각을 확인하고 대화를 이어나갈 수 있도록 고안된 유연한 방법론이다. 개요나 스토리텔링 같은 기술이 필요한 것도 아니다. 균형 잡힌 대화를 이끄는 *태도*일 뿐이다. 그럼 각 요소를 자세히 살펴보자.

1. T 말하기

누군가 말하기 시작하면 그냥 내버려두라. 1분이 걸리든 5분이 걸리든 걱정하지 말고 그저 원하는 만큼 말하게 하라.

여기서 당신이 고려할 점은 2가지다.

① 상대의 말이 끝났을 때 무어라 응답할지 준비하라.
② 그 응대에는 명확한 요점이 있어야 한다.

2. AL 적극적 경청

상대가 하는 말에 관심을 갖고 면밀히 들어라. 멍해지거나 동시에 다른 일을 하거나 무슨 말로 응수할지 골몰하지 마라. 핵심 단어와 이름, 날짜, 기본적인 맥락까지 꼼꼼히 들어라. 부드러운 재즈 음악을 별다른 생각이나 걱정 없이 흘려듣는 것과는 다르다. 당신은 대화에 참여하고 있는 사람이다. 언제 어떻게 맞장구를 쳐줄지 생각하라. 그러면 당신의 차례가 돌아왔을 때 자연스레 말을 건넬 수 있다.

여기서 고려할 점은 2가지다.

① 들은 것과 관련하여 주관식 질문을 하라.
② 진심으로 관심 가는 주제에 집중하라.

3. C 대화하기

자연스러운 침묵의 순간이 찾아오면 뭔가 말을 꺼내거나, 질문하거나, 아니면 바로 전에 나온 이야기와 관련된 다른 주제로 대화를 이어나가라. 하나의 대화를 구축하는 데 힘을 쏟아라.

여기서 고려할 점은 3가지다.

① 당신 차례가 와도 이전의 대화 내용과 상관없는 말은 삼가라.
② 대답은 짧게 하라.
③ 끝내야 할 때를 알고 상대가 다시 말할 수 있는 기회를 주어라.

만반의 준비를 갖추어라

그럼 절제된 대화와 TALC 트랙이 가져올 이득은 무엇일까?

먼저 반대할지 동의할지 자신의 의견을 준비할 수 있다. 상대방의 말은 존중하고, 대화 주제를 벗어나지 않으며, 자신의 생각을 효과적으로 드러낼 수 있다.

내 경우, 동료들과 나누는 대화의 80퍼센트는 그저 단순하고 재미난 이야기일 뿐이다. 하지만 중요하거나 스트레스 받을 만한 주제에 관한 나머지 20퍼센트는 TALC트랙에 따른 절제된 대화다. 무거운 주제에 으레 따라오는 본능적·감정적인 갈등을 부드럽게 넘기기 위해서다. 간결함과 균형감을 유지하려고 노력해야 한다.

적극적 경청은 절제된 대화에서 가장 중요하다. 상대방의 사고방식을 파악하고 그에게는 무엇이 중요한지 헤아리는 데 도움이 된다. 그리고 한편, 상대도 당신의 말을 들을 수 있도록 여지를 주어야 한다. 그에게도 대화의 흐름을 파악하고 함께할 수 있는 기회가 필요하다.

청중, 존중, 집중

간결하다는 것은 당신과 대화하는 사람의 관심사를 안다는 뜻이다. 상대방의 우선순위에 초점을 맞춘다는 것은 그들을, 그들이 말하는 것을, 그들이 듣는 방법을, 그리고 그들의 귀중한 시간을 존중하는 일이다.

그렇다고 해서 대화를 이끌어갈 당신만의 생각이나 목표가 없다는

확인
: 상대가 무슨 생각을 하는지 파악하라

잠시 말을 멈추고 살펴보면 사람들이 집중하고 있는지, 말을 잘 이해하고 있는지 확인할 수 있다.

어느 금요일 저녁, 당신은 친구들과 함께 인기 많은 식당을 찾아갔다. 오랫동안 기다리고서야 자리에 앉고도 바로 주문조차 하지 못했다. 몇 분만 기다리자던 것이 10분이 넘어가자 점차 화가 나기 시작했다. 드디어 웨이트리스가 다가와 사과를 건넸다. 음료를 주문했고, 기다렸다. 저녁식사를 주문하고, 또다시 기다렸다.

어느 순간부터 기나긴 기다림만이 유일한 대화 주제가 되고 말았다. 형편없는 서비스를 두고 다들 한마디씩 불평했다. 그때 매니저가 다가와 "불편하신 점은 없습니까?"라고 묻자 당신은 한바탕 불만을 늘어놓았다. 그러자 모든 일이 신속히 처리되었고 대폭 할인까지 받았다.

매니저는 '확인'했다. 이는 고객이 무엇을 어떻게 생각하는지 알 수 있는 유일한 방법이다. 말을 멈추게 할 뿐만 아니라 사람들이 당신의 이야기를 제대로 따라가고 있는지 알 수 있는 기회다. 우리가 가지고 있는 유일한 구명정이지만 제대로 던져본 적은 거의 없다. 왜 그럴까? 그리 궁금하지 않기 때문이다. 상대방의 생각을 알고 싶지도 않은데 굳이 묻기란 좀 껄끄럽다. 하지만 그래도 확인했을 때 돌아오는 혜택은 상당하다.

하던 말을 잠깐 멈추고 확인한다면,

- **듣는 사람이 내 말을 잘 이해한다.** 사람들은 대부분 자신의 말은 알아듣기 쉽다고 믿는다. 사실은 보통 그 반대인데도. 청중은 길을 잃기 쉽다. 그러니 자주 질문을 던져 그들이 내 말을 잘 이해하고 있는지 확인하라.
- **명확성과 간결함을 보장한다.** 때때로 말을 멈추어 잠시 숨을 고르고 할 말을 가다듬을 수 있다. 청중은 묻지 않으면 말해주지 않는다. 내 말이 알아듣기 쉽고 깔끔한지 거듭 확인하라.
- **독백을 없앤다.** 확인하지 않고 혼자 떠들다 보면 다들 떠나버릴 것이다.

뜻은 물론 아니다. 다만 상대방의 의제에 먼저 집중하는 것이 더욱 효과적일 뿐이다. 절제된 대화는 대화 자체가 아닌, *나 자신*을 통제하는 것이다. 그래야 효과적으로 의사소통할 수 있다.

소셜 미디어에 아무 의미 없거나, 사소한 내용을 쉴 없이 올리는 사람들을 생각해보자. 짜증스러운 행동일 뿐만 아니라 그들 자신의 평판에도 안 좋다. 여러 사람의 타임라인을 어지럽히는 어수선하고 쓸모없는 정보이기 때문이다.

그 반대 사례로 꼽을 만한 사람이 있다. 비즈니스 컨설턴트인 브래드 패리스Brad Farris로, 간결한 소셜 미디어에 일가견이 있는 남자다 (https://twitter.com/blfarris). 그는 존경받아 마땅할 정도로 가치 있는 온라인 콘텐츠를 *가끔씩만* 올린다. 매일같이 온라인 정보의 파도에 휩쓸리는 팔로어들의 피로를 간파하고 오직 중요한 것만 공유하여 그들의 시간을 절약해준다.

패리스와 나의 의견이 서로 다를 때도 나는 조금도 개의치 않는다. 그의 견해는 그가 스스로 생각해낸 것으로, 충분히 들을 필요가 있다. 그는 정제돼 있고, 적절하며, 가치 있는 정보만을 준다.

간결함은 더 나은 대화를 만든다. 의심할 여지가 없다.

한마디로, 간결함이란 끝없는 독백을 피하고 말의 흐름과 목적, 핵심을 염두에 두면서 절제된 대화를 한다는 뜻이다.

보여주어라
: 그림 하나로 천 마디 말을 뛰어넘는 법

무엇을 선택할 것인가?

무언가를 보여주고 싶다면 반드시 청중의 입장에서 생각하라. 당신이 청중이라면 다음 중 무엇을 선택하겠는가?

① 글씨만 빼곡히 써놓은 500쪽짜리 교과서인가, 아니면 그래프와 그림, 도표가 곁들여진 교과서인가?
② 글씨와 지루한 주가지수 그래프만 잔뜩 인쇄된 3쪽짜리 광고인가, 아니면 쌍방향 다이어그램과 동영상이 포함된 온라인 안내서인가?
③ 10가지 항목을 줄줄이 나열한 파워포인트 슬라이드인가, 아니면 임팩트 있는 그림과 흥미로운 제목이 달린 슬라이드인가?

④ 다 읽으려면 화면을 끝없이 내려야 하는 이메일인가, 아니면 이를 간소하게 표현한 1분짜리 동영상 링크인가?

⑤ 녹색 화면으로만 된 2G폰인가, 아니면 화려한 아이콘이 들어 있는 스마트폰인가?

⑥ 슬라이드를 그저 읽기만 하는 발표자인가, 아니면 분위기를 이끌어나가는 발표자인가?

⑦ 카메라만 쳐다보며 말하는 누군가의 강의 동영상을 보고 싶은가, 아니면 여러 사람의 인터뷰와 재연 화면으로 실화를 다룬 동영상을 보고 싶은가?

바로 이런 것들을 먼저 선택해야 청중은 당신이 하는 말을 더 쉽고 빠르게 이해할 수 있다. 정보를 통합하고 이해하기 쉽게 가공하는 일은 어렵다. 하지만 그 힘든 일을 미리 해놓지 않으면 듣는 사람이 그 과정을 대신 겪어야 한다.

이제 '보는' 시대가 도래한다

문자의 시대는 끝났다. 우리는 이제 이미지 중심의 세계로 옮겨가고 있다. 각종 영상 기기와 쌍방향 미디어가 우리 삶 곳곳에 스며든 지 오래다. 스크린은 가정과 교실, 가게, 엘리베이터, 심지어 욕실에까지 자리하면서 전화기와 책, 신문과 광고판, 메뉴판까지 대신하고 있다.

인기 있는 소셜 미디어인 텀블러Tumblr, 인스타그램Instagram, 페이스북 등은 시각 이미지를 기반으로 한다. 사람들은 정보를 통해 소통하고, 다양한 담론을 만들어내며, 사회에 깊숙이 관여하기를 바란다. 우리는 인포그래픽infographics의 시대에 살고 있다. 동영상이나 인포그래픽, 일러스트레이션, 애니메이션과 같이 가공된 시각적 정보가 각광받고 있다.

여러 연구에 따르면 전체 인구의 65퍼센트가 시각적으로 학습한다.[1] 그러니 효과적이고 간결하게 의사소통하고 싶다면 시각적 커뮤니케이션에 주목할 필요가 있다.

문자 언어와 시각 언어

읽는 것보다 보는 것을 더 선호하는 성향은 과거 그 어느 때보다 더 중요해졌다. 〈USA 투데이USA Today〉 설립자인 앨 뉴하스Al Neuharth는 1980년대에 이미 저널리즘에 대한 자신의 남다른 견해를 밝힌 바 있다.

당시 뉴하스는 사람들이 신문을 읽는 방법을 분석한 뒤 더 쉽게 뉴스를 소비할 수 있는 방법이 필요하다고 결론지었다. 그 결과 〈USA 투데이〉의 기사는 웬만하면 다음 쪽까지 이어지지 않도록 짧아졌고, 다양한 시각 자료가 함께 실렸다. 시각 자료를 강조한 뉴하스의 선견지명은 인포그래픽을 자체 생산하기에 이르렀다.

저널리즘을 재정의한 뉴하스는 신문 순혈주의자가 아니었다. 간결함의 달인이라 불릴 만한 그는 저널리즘의 중심이 문자에서 이미지로 이동하리라 예견했다. 뿐만 아니라 사람들이 전통적인 신문 기사를 읽기 어려울 만큼 시간도 없고 집중력도 떨어지리라는 점을 간파했다. 이제는 기자가 독자들에게 무엇을 말하고자 하는지 '보여줘야' 할 때가 왔음을 알아본 것이다.

1980년대에 뉴하스의 이런 태도는 비난을 받았지만 오늘날에는 주요 신문 및 잡지에 막대한 영향을 미치고 있다. 〈월 스트리트 저널〉을 비롯한 수많은 언론사가 눈에 잘 띄는 동영상과 쌍방향 이미지를 기사와 함께 게시하는 스마트폰 및 태블릿 앱을 선보이고 있다. 문자가 지배하는 신문의 시대는 가고, 오늘날 모든 산업에서 시각적 의사소통의 효과를 주목하고 있다.

누구나 쉽게 인포그래픽을 만들 수는 없다. 또한 내러티브를 간결하고 압축적인 그래프나 차트, 일러스트레이션으로 손쉽게 옮길 수도 없다. 시각적 커뮤니케이션을 활용하는 기업은 3퍼센트 미만에 불과한데, 무엇보다 제대로 만들기가 어렵기 때문이다. 천 마디 말을 대신할 수 있는 이미지 하나를 만들어내는 것보다 글을 쓰는 편이 더 쉽다. 하지만 이러한 노력의 가치는 사람들이 자료를 집어 들고 그 의미를 이해할 때 드러난다. 아이디어를 시각적으로 주고받으면 논리적인 좌뇌와 창의적인 우뇌를 모두 사용할 수 있기 때문이다.

헤드라인이 그 역할을 어느 정도 수행할 수 있기는 하다. 그러나 시각 자료를 중심으로 하는 사무용 소프트웨어 개발업체 스마트드로우 SmartDraw의 설립자이자 CEO인 폴 스태너드Paul Stannard는 언어와 이미지를 함께 사용하면 언어로만 의사소통할 때보다 6배 더 효과적이라고 설명한다.[2] 그는 지난 5천 년간 만들어진 것보다, 앞으로 1년 동안 독특한 형태의 정보들이 훨씬 더 많이 만들어질 것으로 보았다.

이는 전혀 다른 언어를 배우는 것과도 같다.

셰필드를 처음 설립했을 때 스웨덴의 소프트웨어 회사이자 나의 클라이언트인 코그메드CogMed는 주의력결핍장애를 겪는 사람들을 위해 고안된 새로운 학습용 소프트웨어를 미국 시장에 내놓고자 했다. 경영진은 인지능력이 부족한 사람들에게 기억력 훈련이 얼마나 효과적인지 알릴 수 있는 내러티브를 만들고 싶어 했다.

짐작했겠지만, 이 소프트웨어를 고안한 신경과학자는 굉장히 명민한 사람이었다. 그러나 회사는 사람들의 관심을 사로잡을 방법을 찾지 못해 전전긍긍하고 있었다. 타깃 소비자가 다름 아닌 주의력이 결핍된 사람들이었기 때문이다.

그래서 우리는 인포그래픽의 천재인 존 텔포드John Telford의 도움을 구했다. 우선 새로운 소프트웨어의 핵심을 3가지로 간략히 정리하고 이를 1쪽짜리 시각적 이야기로 만들었다. 마치 자동 이미지 번역기에 대고 말하는 것 같았다.

"저와 제 동료들이 곧 시험 대상이죠. 해당 제품이나 서비스에 이미 익숙해진 사람들과는 다른 관점에서 볼 필요가 있습니다. 인포그래픽을 만들 때 저는 이렇게 말합니다. '내가 지금 무슨 소리를 하는지 짐작조차 못하는 사람에게 설명할 것이다.' 저는 일반인도 이해할 수 있는 인포그래픽을 만들 줄 압니다. 제가 바로 그 일반인이니까요."

텔포드는 문자 언어와 시각 언어 2가지를 모두 아는 사람이었다. 때문에 문자로 표현한 내러티브를 마치 마법처럼, 그 의미를 고스란히 살려 이미지로 만들어낼 수 있었다.

"중요한 건 정보를 보는 관점과 이를 해석할 수 있는 능력입니다. 정보를 제공하는 전문가야 넘쳐나죠. 진짜 어려운 건, 관련 내용을 전혀 모르는 사람조차 핵심을 이해할 수 있게 만드는 겁니다."

그리하여 코그메드는 내러티브를 시각적으로 풀어낼 수 있었다.

이야기와 이미지를 연결하라

인포그래픽 디자이너는 먼저 무엇을 전달하고자 하는지 핵심을 파악해야 한다. 이 부분은 쉽다. 어려운 점은 이야기를 적절하게 설명하고 표현할 수 있는 이미지를 찾아내는 과정이다.

2008년 심각한 불경기에 몇몇 기업의 경영진은 내게 중간관리자 이상의 간부들을 대상으로 하는 리더십 강연을 요청했다. 이들 회사는 어려운 시기일수록 직원들과의 의사소통 또한 어려워지리라는 사실을 알고 있었다. 당시의 무시무시한 경기침체는 1930년 대공황에 비견될 정도였다.

그때를 잘 알지는 못하지만, 아버지가 몇 번 들려주신 일화가 있다. 시카고에 있는 종합 유통업체 시어스Sears에서 재봉사로 일하셨던 내 할머니의 이야기다. 할머니의 업무는 하루 종일 재킷에 단추를 다는 것이었는데, 대공황 시기에도 일자리를 잃지 않았다. 근무 시간이 끝나기 전에 작업량을 다 채우면, 달았던 단추를 모두 뜯어내고 처음부터 다시 시작하는 것이 그 비결이었다. 할머니의 어머니는 이렇게 말씀하셨다고 한다. "일하는 모습을 계속 보여줘야 한다."

나는 이 이야기를 써먹기로 했다. 구글에서 '단추 달린 재킷' 이미지를 검색하여 PPT 파일에 첨부하고, 이야기를 15분 길이로 맞췄다. 간단했다. 핵심이 명확했기 때문에 이미지를 찾는 데도 오래 걸리지 않았다. 언어와 이미지의 결합은 강력했다.

어려운 일부터 먼저 해둬라. 그러면 청중 모두를 사로잡을 수 있을 것이다. 이미지의 세계에 뛰어들 수 있는 간단한 방법 몇 가지를 소개한다.

① 프레젠테이션과 관련 있는 이미지를 검색하라.
② 프레젠테이션을 하면서 직접 그림을 그려라.
③ 온라인에서 짧은 동영상을 찾아라.
④ 짧은 동영상을 직접 만들어라.
⑤ 화이트보드를 활용해 삽화를 그려 넣어라.
⑥ 작은 물건을 가져와 보여주면서 말하라.
⑦ 다른 방식의 프레젠테이션이 있는지 prezi.com에서 찾아보라.
⑧ 글자 대신 놀라운 사진을 보여주어라.
⑨ 메모에 색을 입혀라.
⑩ 자주 쓰는 말은 아이콘으로 대신하라.

비즈니스의 필수, 인포그래픽

시각적 커뮤니케이션은 복잡한 정보를 압축하여 재미있게 만들고, 무엇보다 이해하기 쉽게 한다. 이 기술을 익히면 복잡한 아이디어를 조

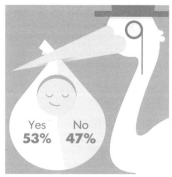

위대한 유산
자녀에게 재산을 물려줄 계획인가?

Yes **53%** No **47%**

$7,284 — 2001
$9,138 — 2006
$10,560 — 2011

학생 1명당 학교에서 지출하는 비용
유·초등교육에서 학생 1명당 평균 지출액
(회계연도 기준)

제프 고든 **1998**
토니 스튜어트 **2005**
지미 존슨 **2010**

**같은 해 자동차 경주 및
소노마 레이스 우승자**

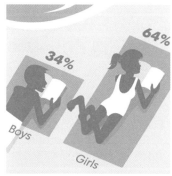

Boys **34%** Girls **64%**

여름에 독서를 즐겨 하는가?
'그렇다'고 답한 비율

차가 없어서 **44%**
다른 교통수단이 있어서 **39%**
유지비 때문에 **36%**
관심이 없어서 **29%**
너무 바빠서 **21%**

**10대들의 운전면허 습득 시기가
점점 늦어지는 이유는?**

연예 **40%**
스포츠 **32%**
정치 **15%**
패션 **13%**

사내 수다
직장 동료와 주로 나누는 대화 주제는?

직 내외에 직관적으로 전달할 수 있다.

가령 GE나 시어스, 월마트Wallmart, 애플Apple 같은 주식공개회사가 주주들을 대상으로 어떻게 연례 보고를 하는지 살펴보자. 이들은 주주가 회사의 현황 및 미래 전망을 쉽게 이해할 수 있도록 무수한 차트와 이미지, 그래프를 덧붙인다. 이는 원자료를 다룰 시간이나 배경지식이 없는 독자를 대상으로 하는 잡지 편집과 비슷하다.

많은 기업이 문자를 생략하기 위해 그림을 덧붙이기는 하지만 대체로 헛발질에 머무른다. 그 이미지들이 회사의 현재와 미래에 대해 *구체적*으로 이야기하지 않기 때문이다. 사람들은 알아서 찾아 읽지 않는다. 문자는 물론이고 이미지에도 응집력 있는 이야기가 필요하다.

《인포그래픽이란 무엇인가The Power of Infographics》의 저자 마크 스미시클라스Mark Smiciklas는 우리 뇌의 50퍼센트가 시각적 기능에 사용된다고 말한다.[3] 그러나 시각적 학습을 선호하는 선천적 욕구를 충족시키는 기업은 극히 드물다. 예를 들어 모바일 머니 솔루션을 제공하는 모니타이즈Monitise는 〈월스트리트 저널〉 디지털 판에 이런 광고를 냈다. "읽지 마십시오. 우리는 오늘날의 기술과 이 세계를 어떻게 이끌어나가야 할지 모릅니다." 이 광고에는 직설적인 글과 재미없는 주가 그래프만 덩그러니 들어 있었다. 오래된 교과서를 읽는 것 같았다. 쓸데없는 소리뿐이었다. 공감을 이끌어내리라는 기대는 물거품이 됐다. 회사 홈페이지도 나을 것이 없어서, 흰 바탕에 검은 글씨를 채운 화면이 동영상보다 두 배는 더 많았다. 회사가 제공하는 서비스에 대한 시각적이거나 매력적인 설명은 광고에서도 홈페이지에서도 찾을 수 없었다.

반면 시각적 커뮤니케이션을 제대로 이끈 기업으로 마케팅 자동화 기업인 엘로콰Eloqua를 들 수 있다. 스미시클라스는 이 기업이 인포그래픽을 제대로 활용한다고 설명한다. 엘로콰는 단순한 이미지를 통해 역동적으로 움직이는 온라인 마케팅 시장과 자사의 복잡한 소프트웨어를 설명한다.

이케아IKEA는 가구 업계에 인포그래픽 혁명을 몰고 왔다. 이 스웨덴 기업의 조립 설명서에는 글자가 하나도 없다. 육각렌치를 든 사람과 부품, 그리고 조립 과정을 모두 그림으로 표현했다. 직관적이고, 쉽게 만드는 나만의 가구란 이런 것이다.

유튜브와 비즈니스의 시대

동영상 스토리텔링은 효과적인 교육 및 광고·홍보 수단일 뿐만 아니라 재미있고 참여적인 소통 기술이기도 하다.

사람들은 매일 수천 개의 유튜브 동영상을 공유한다. 전 세계 기업들은 자사의 이야기를 전달하기 위해 유튜브나 비메오Vimeo에 새로운 채널을 만든다. 그림 하나가 말 천 마디의 값어치를 한다면 동영상은 백만 마디의 값을 해내기 때문이다. 하지만 모든 의사소통이 그렇듯 동영상을 만들 때에도 청중의 심리를 아주 세심히 헤아려야 한다.

우선 짧아야 한다. 유튜브에 올라오는 동영상의 길이는 평균 3.5분이다. 이 시간이 지나면 사람들은 흥미를 잃고 동영상을 꺼버린다. 길면 길수록 사람들의 관심을 끝까지 붙잡아두기는 더더욱 힘들어진다.

시각 언어로 말하라

그림이 천 마디 말의 가치가 있다면
동영상으로는 얼마나 많은 말을 할 수 있을지 생각해보라.

예를 들어 어느 동료가 온라인 마케팅 전문가의 동영상 링크를 보냈다. 무료로 시청할 수 있어서 나는 그 링크를 열었다. 그리고 가장 먼저 확인한 것은 오른쪽 아래에 있는 상영 시간이었다.

15분짜리였다. 흔쾌히 보기에는 좀 길었지만 동료가 이 전문가를 굉장히 좋아한다기에 한번 보기로 했다. 3분이 지나자 15분 전부를 볼 만큼 내가 이 영상을 보고 싶은지 자문하기 시작했다. 3분 뒤, 끝까지 봐야겠다고 마음먹긴 했지만, 온전히 집중할 수는 없었다.

두 번째, 시간과 품질을 유념하라. 동영상에서 아마추어 냄새가 풀풀 풍기는 즉시, 사람들은 떠날 것이다.

또 다른 방법은 에피소드 형식의 동영상을 제공하는 것이다. 유튜브와 비메오의 채널에는 연속물을 게시할 수 있다. 동영상이 짧고 매력적인 데다 교육적이고 오락적인 가치까지 겸비했다면 사람들은 좋아하는 TV 연속극을 기다리듯 다음 에피소드를 고대할 것이다. 이때 동영상을 만들어 올리는 사람은 마케팅 담당자가 아닌 *방송인처럼* 생각해야 한다.

스마트폰 카메라로도 동영상을 편리하게 만들 수 있다. 라디오 방송인인 찰리 마이어슨Charlie Meyerson이 이미 몸소 증명했다. 그는 시카고에 있는 데일리 플라자를 지나가다가 어느 흑인 소년이 학교 폐쇄에 대해 열정적으로 연설하는 광경을 목격했다. 마이어슨은 아이폰으로 소년을 촬영했고, 그 2분짜리 영상을 짧은 글과 함께 블로그에 올렸다. 어쩌면 이 소년이 훗날 시카고 시장이 될지도 모를 일이다.

동영상은 메시지를 짧고 효과적으로 전달하는 강력한 도구다. 게다가 공유하기도, 널리 퍼뜨리기도 쉽다.

길면 읽기 싫다

여기까지 읽은 당신은 이렇게 생각할지도 모르겠다. '지금 당장 인포
그래픽을 만들고 동영상도 찍어야겠어.' 하지만 더욱 간단하고 강력
한 시각적 소통은 따로 있다. 바로 *단순한 문서 양식*이다.

　보고서, 이메일, 책 등 어느 문자 자료에서나 양식은 중요하다. 과거
에 출판된 경영서에는 이미지가 없었지만 이미 변한 지 오래다. 요즘
100쪽에서 150쪽짜리 책에 글자만 집어넣는다면 책을 팔지 않겠다는

소리나 다름없다. 몇몇 콧대 높은 저자만이 처음부터 끝까지 꼼꼼하게 읽어야 내용을 파악할 수 있게 만든다. 이제는 이미지뿐 아니라 다양한 방법으로 주제를 드러내고, 내용을 요약해주어야 한다. 그게 예의다.

TL-너무 김(too long), DR-읽지 않음(didn't read)은 메시지가 간결하지 않을 때 요즘 세대가 보내는 응답이다. 인터넷 게시판, 이메일과 심지어 책에까지 쓴다.

이에 문서를 더 짧고 매력적으로 만들 수 있는 몇 가지 방법을 소개한다.

① 첫눈에 들어오게 만들어라. 읽는 사람을 끌어들일 강력한 제목이나 제목란을 만들어라.

② 이메일은 한 화면에 들어오게 쓰라. 받은 사람이 스크롤을 내려가며 읽어야 한다면 메시지가 너무 긴 것이다.

③ 여백의 미를 활용하라. 문서에 여백이 충분하고 시각적으로 균형 잡혀 있는지 확인하라. 한 문단에 8~10문장씩 욱여넣지 말고 3~4문장으로 줄여라.

④ 굵은 글씨를 활용하라. 핵심 아이디어는 굵은 글씨로 강조하라.

⑤ 약물이나 숫자 등으로 정리하라. 약물이나 숫자 뒤에는 인상적인 단어나 기억하기 쉬운 문구로 각 항목의 핵심을 보여줘라.

⑥ 군더더기는 잘라내라. 불필요한 정보는 삭제하고, 반드시 이해하고 기억해야 할 부분만 남겨라.

글의 양식과 길이, 배치는 그 내용이 놀라운지 아닌지, 혹은 시간을 들여 읽을 가치가 있는지 없는지를 *미리* 알려준다.

W. W. 그레인저의 사례를 다시 한 번 떠올려보라. 그림과 애니메이션, 인포그래픽은 복잡하고 난해한 아이디어를 접근 가능하고 이해 가능하게 만든다. 상대의 기대를 만족시키고, 그가 다음에 또 찾아올 수 있도록 유혹하라.

한마디로, 시각 언어는 문자 언어보다 훨씬 더 호소력 있다. 말 천 마디의 가치를 담은 하나의 이미지를 찾아라. 단순할수록 효과적이다.

✔ 군더더기를 잘라내라

간결한 의사소통에 익숙한 사람들은 불필요한 정보를 걷어내고, 다듬을 줄 안다. 윌 스트렁크Will Strunk는 이렇게 경고했다. "필요 없는 단어는 잘라내라."

사람이 물에 빠져 죽어가고 있다면 그에게 물 한 방울도 더 붓지 마라. 간결함은 타인에 대한 책임감이자 공감이고, 존중이다. 시간이 없어서 당장 나가 서둘러 기차를 타야 하는 사람에게 중요한 무언가를 전한다고 상상하라. 급할 게 없는 사람도 이와 같이 대하라.

Part 3

언제, 어디서
간결해야 할까

결단Decisiveness

회의의 군살을 제거하라

과거에도, 미래에도 인류가 그 능력을 최대한 발휘하지 못하는 이유를
한 단어로 정리한다면 바로 '회의'일 것이다.
– 데이브 배리

회의의 원흉을 물리쳐라

회의는 시간 낭비다. 아무나 붙잡고 물어보라. 회의에 쏟아붓는 시간
은 얼마나 되는지, 그 시간이 쓸모있다고 생각하는지 말이다. 직원들
의 하루를 온통 회의에 쏟아붓는 것이 문화로 자리 잡은 조직마저 있
다. 나머지 일은 9시부터 5시까지 이어지는 마라톤 회의 이전이나 이
후, 심지어 주말에 완성해놓아야 한다.

회의에 참석할 때에는 일을 하는 것이 아니다. 회의실에 갇히는 순
간, 당신의 생산성은 브레이크를 밟은 듯 멈춰 선다. 쓸모는 없지만,
절대로 깨기 어려운 회의의 장벽을 어떻게 무너뜨릴 수 있을까? 답은
하나다. 간결함뿐이다.

이번 장에서는 덜 고통스럽고 더 생산적인 회의를 만드는 방법을 찾아볼 것이다.

사람들은 잘못된 회의 습관이 몸에 밴 나머지 뻔히 보이는 지루한 늪에 알아서 들어간다. 어떤 형식으로 진행하든 간결함을 놓쳐서는 안 된다. 간결함이야말로 목표를 빠르게 달성하고, 적은 시간에 더 많은 것을 이룰 수 있는 힘이다.

회의 시간을 줄여라

사람들은 대체로 회의 시간을 길게 잡는다. 왜 꼭 1시간이어야 하는가? 30분이면 족하지 않은가? 시간을 낭비하지 않으려면 안건을 미리 다 틈어두어야 한다.

한 가지 항목을 말하는 데 7분이 필요하다면 여기에 10분을 할당하지 마라. 접시에는 먹을 수 있을 만큼만 담으라던 어머니의 말씀을 되새겨보자. 고작 3분뿐이라도, 이런 습관 때문에 낭비하는 시간이 쌓이다 보면 몇 시간이 훌쩍 지나간다. 필요한 것보다 더 많은 시간을 회의에 할애한다면 귀중한 시간을 쓰레기통에 버리는 것과 다름없다.

1시간짜리 회의가 30분으로 줄어들었다고 생각해보자. 모든 회의가 제시간에 시작해 제시간에 끝난다면 어떻게 될까? 21분이어도 좋고, 14분이어도 좋다. 필요한 시간에 정확히 맞춰 회의 시간을 유연하게 잡아라.

효율성의 또 다른 적은 *준비 부족*과 *목표 부재*다. 사람들은 준비되지 않은 채로, 또는 목적을 제대로 이해하지 못한 채로 회의에 참석한다. 당신은 결정을 내리러 간 것인가, 아니면 논의를 하러 간 것인가? 당신이 왜 그 자리에 있는지 파악하는 데에만 10분 넘게 허비할 수도 있다.

이 원흉을 물리치는 방법으로, 회의 시작 후 첫 5분 동안 사람들이 조용히 회의를 준비하고 핵심을 정리할 수 있는 시간을 주면 어떨까? 회의의 목적을 먼저 알린 뒤 5분 동안 각자 필요한 점을 점검하게 하는 것이다. 이렇게 하면 준비 없이 회의에 참석한 사람들이 자신의 부족함을 감추려고 횡설수설하는 것을 막을 수 있다.

회의를 시작하자마자 침묵의 시간을 갖는 것이 처음에는 낯설 것이다. 그러나 하다 보면 예외 없이 적용되는 규칙으로 자리 잡을 것이다. 명확한 관점을 갖추고 준비된 자세로 회의에 임할 수 있는 첫걸음이기 때문이다.

회의의 형식을 바꿔라

회의를 '디자인'해본 적 있는가? 회의를 준비할 때에는 다들 창의성을 발휘할 필요가 없다고 생각한다. 때문에 목표와 상관없는 회의 형식이 너무 많다. 회의는 왜 꼭 앉아서 하는가? 회의실에 들어서자마자 안건부터 눈에 띄게 배치할 수는 없는가? 네모 반듯한 책상 대신 원탁을 놓거나 아예 치워버리는 건 어떤가? 의제 설정부터 회의실 선정에 이르기까지 주최자는 아무런 고민 없이 낡고 지루한 습관을 반복하면서 이렇게 변명한다.

"여기서는 다들 그렇게 합니다."

하지만 더 많은 것을 이루려면 참석자들이 활발히 교류할 수 있는 혁신적인 방법이 필요하다.

간단명료하고 성취 지향적인 회의를 디자인하라. 한 가지 방법은 팔짱을 낀 채 서 있는 것이다. 이는 그 자리에 오래 머물지 않겠다는 표현이며, 회의석상의 권태를 깨는 신선한 방법이다. 모두가 선 채 회의를 하다 보면 시간이 촉박하니 회의를 오래 끌 수 없다고 느낀다. 긴박감과 목적의식이 한층 강렬해지는 것이다. 핵심에 빠르게 다가서라. 그러면 사람들도 무엇을 어떻게 해야 할지 알 수 있으리라.

회의를 효과적으로 바꾸는 또 다른 방법이 있다. 바로 파워포인트를 없애고 동영상을 활용하거나 화이트보드에 직접 표현해보는 것이다. 파워포인트를 한 장씩 넘길 때마다 지루함에 몸부림치는 일도 없어지고, 사람들의 생각이 생생하게 살아 숨 쉬는 모습도 볼 수 있다. 언어와 이미지가 함께 움직일 때, 즉각적이면서도 지속적인 공감대가 형성될 것이다.

독재자와 폭군을 끌어내라

회의의 간결함을 죽이는 주범이 있다. 독재자와 폭군, 즉 혼자 떠들어 대느라 사람들 간의 대화를 없애버리는 인물이다. 대체로 성마르고 경쟁적인 그들은 높은 지위나 직무 특성을 내세워 회의석상을 지배한다.

그 고압적인 목소리를 낮추는 3가지 정중한 방법이 있다.

1. 적극적 경청자를 지정하라

독재자를 무력화하는 방법이 있다. 적극적으로 경청할 줄 아는 이들을 참석시키는 것이다. 그들만이 온건하고 균형 잡힌 분위기를 만들 수 있다.

적극적 경청자의 역할은 매우 중요하다. 그들은 결코 바로바로 대꾸하지 않는다. 대신 회의 내용을 기록하고, 여러 사람이 말하는 공통의 맥락을 추려낸다. 회의를 짧고 간결하게 만들고, 최종 요약본을 작성하는 것이 그의 임무이기 때문이다. 독재자가 엉뚱한 소리를 하거나 회의의 목적을 흐트리면 그때 개입해 논의를 정리해준다.

직위가 가장 높은 사람이 그 역할을 맡을 수도 있고, 매번 다른 사람이 맡는 민주적 방식도 있다. 어느 쪽이든, 적극적 경청자를 지정하는 것만으로도 고압적이고 지배적인 목소리를 지양한다는 메시지를 전할 수 있다.

2. 한 번에 1명씩만 말하라. 그리고 그 원칙을 '고수하라'

또 다른 방법은 '발언 막대기'를 사용하는 것이다. 우리 집에도 이런 막대기가 하나 있다. 평범한 나무 주걱이지만 우리 같은 대가족에게는 꼭 필요한 도구다. 저녁식사 자리에서 아이들이 서로 앞다투어 이야기할 때 기회를 공평하게 나누어준다. 누구든 주걱을 쥔 사람만이 말할 수 있고, 다른 사람들은 무조건 들어야 한다. 이 주걱은 존중의 상징이면서, 위대한 교육 도구다. 게다가 주걱을 들고 말하는 모습은

꽤 재미있다.

3. 시간을 나누어 지정하라

마지막으로 제한 시간을 정해 독재자의 말을 중단시켜라. 한 사람이 한 번에 한 가지 주제만을 말하게 하는 것이다. 그러면 독재자 혼자 온갖 이야기를 해대는 경우를 방지할 수 있다. 모두가 핵심만 한마디씩 말해야 차질 없는 진행이 가능해진다.

회의를 지배하려드는 그들의 목소리를 낮춰라. 언제나처럼 그 사람 혼자 떠들게 내버려두지도 말고 발표자가 반드시 필요한지도 한 번 더 생각해보아야 한다.

딱딱한 브리핑을 부드러운 대화로

윌리엄 B. 콜드웰 4세 장군은 미군 제82 공수사단 사령관직에서 물러난 후 이라크 주둔 다국적군의 전략통신 사령관으로 임명되어 바그다드로 떠났다. 콜드웰의 주요 임무는 군 대변인이었다. 당시 이라크의 상황은 그리 좋지 않았다. 이런 난국에 더 나은 언론 보도 및 대국민 홍보를 위해 신중히 고른 인물이기도 했다.

콜드웰의 전임자는 연단에 올라 브리핑하는 방식을 선호했다. 마치 수업시간처럼, 미리 준비한 형식적이고 일방적인 연설문을 매주 발표한 후 시간제한을 두고 질문을 받았다.

그러나 언론을 처음 상대하는 콜드웰은 사람들 앞에 서서 설교를 늘어놓는 것이 불편했다. 한두 번 해보니, 이런 방식이 자신에게는 맞지 않을뿐더러 사람들도 이런 식의 이야기는 잘 듣지 않는다 싶었다. 그래서 그다음에는 기자회견실 한가운데에 큼직한 책상을 가져다 놓았다. 그러고는 CNN, 〈뉴욕 타임즈New York Times〉, BBC 등 기자들과 함께 책상 앞에 둘러앉아 이라크에서 무슨 일이 벌어지고 있는지 함께 이야기를 나누었다.

콜드웰은 언론의 허를 찌른 셈이었다. 기자들은 어떻게 대처해야 할지 몰라 당황했다. 하지만 그들이 시간을 허비하지 않도록 콜드웰은 대화에 성실하게 임했다. 자신에게 말을 하기 위한 그 자리가 기자들에게는 정보를 모으는 *시간*임을 잘 알고 있었기 때문이다.

콜드웰은 매주 브리핑을 준비했다. 30분 또는 45분 안에 끝내기 위해(그렇게 노력이라도 해보려고) 내러티브맵을 사용했다. 그는 회견실로 들어가 인사를 한 뒤 이렇게 말했다. "10분 안에 이야기를 마치겠습니다. 그다음 15분 동안 질의응답 시간을 갖죠."

콜드웰이 전한 메시지를 제대로 이해한 기자들은 만족스러운 기분으로 회견장을 나섰다. 파워포인트와 도표, 사진 등을 늘어놓고, 일방적으로 발표하고 마는 전형적인 군대식 브리핑이 아니었기 때문이다. 함께 대화하는 것이 콜드웰의 목표였다. 새로운 좌석 배치와 브리핑 방식은 그 자리에 있던 모든 사람을 편안하게 해주었다. 질문에 대한 명확한 답변을 들었다는 확신도 생겼다.

콜드웰은 또한 철저한 기록으로도 유명했다. 그는 기자들과 함께하는 자리에서 나오는 이야기와 언론사 기자 들의 이름을 꼼꼼히 받아

적었다. 주중에라도 누군가 질문했던 사안이 발생하면, 그 사람에게 직접 연락해 알려주기도 했다.

그는 이라크의 현황을 전하는 내러티브의 형태를 바꾸었다. 딱딱하고 관료적인 발표를 좀 더 *개방적인 대화*로 대체한 것이다. 콜드웰은 물리적 환경과 이야기의 전달 방식을 새롭게 구성하여 극적인 변화를 이끌어냈다. 그의 대담한 시도가 판도를 완전히 뒤집은 것이다.

파워포인트를 던져버려라

일반적으로, 군대의 프레젠테이션은 명확성, 간결성, 설득력과는 거리가 멀다. 수많은 약물과 엉성한 도표, 해상도 낮은 사진과 어설픈 그래프로 가득한 지리멸렬한 파워포인트 프레젠테이션이 전부였다.

미 특수전사령부에 근무하는 육군 장교 조던은 기존의 방식을 벗어나 다른 전략을 택했다. 그리고 성공했다.

그의 부대는 몇 달에 걸쳐 수립한 작전개념CONOP; concept of ope - rations plan의 최종 승인을 받기 위해 이를 4성장군에게 제출하였다. "장군께서 승인해주시면 바로 실행할 수 있는 상황이었습니다. 굉장히 중요한 결정이었지요. 저희 부대원 25명이 몇 달 동안이나 매달려 공들인 일이었습니다."

문서를 작성하고 검토하고 수정하는 데 들인 시간이 엄청났다. 여러 기관과 국방부 관계자 앞에서 보고하기 위한 파워포인트는 30에서 40장까지 불어났다.

"지휘계통 전체와 모든 참모진 및 지휘부에 파일을 보내면 각자 해당 부분을 검토하고, 모두가 공유합니다. (때문에) 모든 슬라이드를 완벽하게 만들어야 했죠."

하지만 사령관 앞에서 최종적으로 보고할 시간은 30분뿐이었다. 슬라이드를 줄여야만 했다.

"무조건 짧아야 했습니다. 8장에서 10장 정도로 말이죠." 조던이 회상했다. 잘라낸 양을 보아서는 최종본을 완성하기 위해 모두가 애를 많이 쓴 듯 보였다. 그러나 보고는 쉽지 않았다. 브리핑 자리에는 정보부, 작전실, 참모 장교, 사령관과 조던의 부대원 등이 12명 넘게 참석했다. 주요 발제자는 조던이었다. "장군들이 많았죠." 위험부담이 큰 자리였다.

프레젠테이션이 시작되기 10분 전, 참모장교 하나가 조던을 따로 불러 긴요한 조언을 건넸다.

"4성장군들은 눈만 들여다봐도 자네가 지금 무슨 말을 하고 싶은지, 그걸 제대로 이해하고 있는지 다 안다네. 그러니 파워포인트는 신경 쓰지 말게. 그저 계획을 말하기만 하면 돼."

결정의 순간이 왔다. 여태껏 준비한 대로 슬라이드를 넘겨가며 보고할 것인가, 아니면 간단히 대화를 해나갈 것인가?

"저는 조언을 따르기로 했습니다. 슬라이드는 안전망으로 남겨두기로 했죠. 도중에 상황이 불편해지면 그때 슬라이드로 돌아가도 괜찮겠다 싶었습니다."

자신의 상관이 함께한 자리인 만큼, 슬라이드를 포기하는 게 망설여지기도 했다. 하지만 조던은 참모장교의 조언이 믿을 만하다고 생각했다.

"그분은 자신이 무슨 말을 하고 있는지 잘 알고 있었습니다. 4성급 장군들을 저보다 더 잘 아는 분이었으니까요."

프레젠테이션이 시작되었다. 모든 사람이 자리에 앉아 자료를 받아 들고, 사령관이 들어오길 기다렸다. 사령관이 조금 늦었기에 프레젠테이션은 계획했던 것보다 더 빨리 끝내야 했다. 늦어서 미안하다고 사과한 뒤, 그는 그 자리의 모두에게 자기소개를 부탁했다. 그러고 나서 조던에게 시작해도 좋다는 신호를 보냈다.

"가라앉을지, 헤엄쳐 나올지를 결정짓는 순간이었죠. 몇 달을 공들인 만큼, 저는 이 계획을 누구보다 잘 아는 사람이었습니다. 누구나 알아들을 수 있는 말로, 우리가 무엇을 하고자 하는지 핵심만 뽑아 설명했습니다. 참고자료로 준비한 이미지도 딱 한 가지만 보여드렸죠.

사령관 가까이에 앉아 직접 말을 건네니, 그분도 아주 열심히 들으시더군요. 꼭 단둘이 대화하는 것 같았습니다. 이야기 중에 질문도 몇 번 하셨고요. 끝날 즈음에는 자신의 참모들에게 의견도 구하셨습니다.

그러고는 아주 쾌활한 말투로 물으셨죠. '여보게 조던, 자네는 어떤가? 좋은 아이디어라고 생각하나?' 저는 물론 그렇다고 했죠. 다들 웃음을 터뜨렸고, 사령관께서는 '승인하겠네'라고 말씀하셨습니다."

발표할 내용을 철저히 준비하고 완성도를 충분히 높였다면, 듣는 사람들은 프레젠테이션보다는 대화를 훨씬 더 좋아한다. 명료하고 자신감 있는 태도가 중요하다는 사실을 기억하라. 조던은 그때 파워포인트를 사용했다면 프레젠테이션이 실패로 돌아갔으리라 확신한다.

"사령관께서는 다른 회의를 마치고 바로 오시는 길이었습니다. 하루에 10번에서 12번씩 회의를 하면서 감당하기 어려울 만큼 많은 이야기를 들으시죠. 만약에 저는 혼자 계속 말하고, 사령관께서는 슬라이드의 모든 글자와 그림을 읽고만 계셨다면 결과는 완전히 달라졌을 겁니다. 아마 '좋아, 상의해보고 다시 얘기하세'라는 답이 돌아왔겠죠. 그 자리에서 바로 결정을 내리시진 않았을 겁니다."

이후 조던의 부대장을 포함한 많은 사람이 사령관과 그가 무척 친밀해 보인다고 말했다. "자네를 아들처럼 대하던걸"이라고 말한 사람도 있었다. 조던은 이 대담한 프레젠테이션 방식을 거듭 곱씹어본 끝에 깨달았다. "대부분의 경우 파워포인트는 결정권자를 위한 것이 아닙니다. 오히려 결정권자에게 보고하기 전에 거쳐야 하는 부하와 중간관리자 들을 위해 준비하는 거죠. 파워포인트는 제대로 된 프레젠테이션에는 적합하지가 않습니다."

한마디로, 제한시간과 중재자를 두어 회의가 산으로 가지 않게 하라. 회의의 군살을 제거하여 사람들이 회의실을 나가 업무에 복귀할 수 있도록 하라.

- 회의를 서서 하거나 원탁에 앉아 해본 적 있는가? 이런 방식을 한번 시도해보고 무엇이 어떻게 바뀌는지 살펴보라.
- 자질구레한 부분들을 설명하기 전에 먼저 핵심 질문을 던져라. '누가, 언제, 어디서, 무엇을, 어떻게, 왜' 육하원칙을 짚고 나면 모두가 같은 곳을 향해 나아갈 수 있을 것이다.
- 시간제한을 두고 참석자 모두가 이를 지켜내라. 그리고 회의가 제시간에 끝날 수 있도록 적극적 경청자를 선정하라.

■ 회의를 시작하기 전에, 참석자 각자가 쓸 수 있는 시간과 반드시 짚어줘야 할 핵심 주제는 무엇인지 미리 알려라. 파워포인트는 버리기 위해 준비하는 것이다. 함께 대화하라. 준비만 제대로 해 놨다면 모두들 대화를 더 반길 것이다.

> **✓ 모든 것을 말하려들면, 사람들은 아무것도 듣지 않는다**
>
> 불필요한 정보를 없애지 않으면 아무것도 남지 않는다. 하루에 50번씩 끼어드는 다른 일을 처리하고, 몇 분에 1번씩 스마트폰을 확인하며, 회의에 연달아 참석해야 하기 때문에, 사람들은 보통 3마디 중 하나는 듣지 못한다. 그러니 미리 곁가지를 잘라내고, 그들의 주의를 끌어야 한다.

디지털에서 긴 말은 필요 없다

이 편지를 이렇게 길게 쓴 까닭은
간략히 다듬을 시간이 없었기 때문입니다.
– 블레즈 파스칼

디지털 홍수

공식적으로 널리 알려진 사실 한 가지를 먼저 짚고 가자. 우리는 모두
인터넷을 통해 연결되어 있다.

메리 미커Mary Meeker와 량 우Liang Wu의 2013년 연구 결과에 따
르면, 사람들은 하루 평균 150번씩 스마트폰을 확인한다.[1] 모든 사람
이 전자 기기 앞에 붙어 있다. 공항에서도, 사무실에서도, 회의실로 향
하는 도중에도, 일하기 전이나 일하는 도중, 그리고 끝난 후에도, 심지
어 집에서도 전자 기기에서 떨어질 줄을 모른다. 우리는 스마트폰과
태블릿과 이메일에서 헤어 나오지 못한다.

2012년 7월, 맥킨지 글로벌 연구소McKinsey Global Institute에서는

노동자들이 전체 업무 시간 중 28퍼센트를 이메일에 할애한다는 연구 결과를 발표했다.[2] 메시지가 흘러넘치고 있다. 우리는 범람하는 강물을 따라 하루 종일 쉼 없이 흘러간다.

이 어마어마한 자료 더미 속에서 사람들은 끊임없이 올라오는 트위터를 확인하고, 감질나게 구미를 당기는 140자에 안달복달한다. 직장인들은 링크드인LinkedIn(비즈니스 네트워크 사이트)에서 자신의 상태status updates를 훑어본다. 누가 왔다 갔는지, 꼭 알아야 할 비즈니스 뉴스는 뭔지, 내가 알려줘야 할 소식은 또 없는지 살펴보는 것이다. 우리는 기기에 중독됐다. 이미 불어 오른 강물에 수천 톤의 물을 또다시 쏟아붓는 꼴이다. 그 엄청난 양의 정보를 누구도 알아볼 수가 없다.

디지털 시대에 해야 할 것과 하지 말아야 할 것은 무엇인가? 어떻게 해야 우리는 간결해질 수 있을 것인가?

경제적인 언어를 구사하라. 단어를 아껴 쓰라는 뜻이다. 주절주절 늘어놓는 기나긴 말은 백색소음이나 다름없다. 몇 단락씩 길게 이어지는 글은 누구도 읽고 싶어 하지 않는다. 횡설수설하는 글을 읽느라 '더 보기'를 누를 때 페이스북 이용자들은 짜증스러워진다. 팔로어들은 그렇게 무례한 채널을 금세 떠나버린다. 간결하지 않은 말은 혼잣말이나 다를 바 없다.

소셜 미디어에서는 메시지의 길이뿐 아니라 빈도에도 신경 써야 한다. 쉴 새 없이 새 소식을 올리는 사람들은 끊임없는 관심을 바라면서도 자기도 모르게 무시해달라고 외치는 셈이다. 그런 나쁜 습관은 따라하지 마라. 자제력을 발휘하지 못하고 아무거나 닥치는 대로 공유하는 것은 자유를 남용하는 일이다. 그들이 환승 비행기를 놓쳤다거나 방금 맛있는 샌드위치를 먹은 것까지 굳이 알아야 하는가?

이런 식의 남용은 경력에도 나쁜 영향을 미친다. 사람들은 점점 그들의 장황한 이야기에 귀를 기울이지 않게 된다. 의도야 좋을지 몰라도 너무나 둔감한 탓이다. 간결하지 않다는 것은 자신의 메시지가 과연 중요하고, 유의미하며, 주제가 뚜렷한지 객관적으로 살필 줄 모른다는 뜻이다.

정반대의 유형도 있다. 기준이 높은 사람들이다. 이메일이든, 소셜 미디어든, 뉴스레터든 가치 있는 것만을 보여준다. 읽는 이들에게 꼭 필요한 정보만을 정제해 보여주는 그들은 가히 대가라 불릴 만하다.

구독 중인 뉴스레터만으로도 받은메일함이 가득 차 있을 때가 많다. 그리고 사람들 대부분은 그걸 다 읽을 시간이 없어서 미루어두거나 삭제해버리곤 한다.

당신은 무엇을 읽을지 어떻게 결정하는가? 누구나 몇 가지 뉴스레터는 반드시 읽는다. 그 매력은 결코 우연의 산물이 아니다. 우선 제목이나 헤드라인이 눈에 띈다. 내용 또한 적절하고 간결하며 핵심이 뚜렷하다. 경제적이고 강력하다.

바쁜 임원들은 무엇을 읽을지 재빨리 판단한다. 그러니 디지털 의사소통일수록 그들의 방식에 잘 맞춰야 한다.

이메일을 예로 들어보자. 내가 아는 한 간부는 모든 이메일을 스마트폰으로 쓰는데, 그 분량을 스마트폰 화면 안에 정확히 맞아떨어지게 써서 아래로 넘겨볼 필요가 없도록 조절한다. 그는 노트북으로 이메일을 쓸 경우 했던 말을 하고 또 해서 장황하게 길어지기만 한다고 했다. "제 상사는 이메일을 이동 중에 읽습니다. 메시지를 짧게 보내는 것도 그 때문이죠."

이번 장에서는 디지털 세계에서 최소한의 흔적으로 최대한의 효과를 거두는 방법을 살펴볼 것이다.

하니시의 글을 읽고 싶은 이유

번 하니시는 "성장하는 사람Growth Guy"이라는 블로그를 운영하면서 〈포천〉지에 기고하는 칼럼니스트이자 간결함의 본보기다. 기업인연합Entrepreneurs' Organization의 설립자면서, 임원 교육 및 코칭 기업 가젤의 CEO인 하니시는 C레벨 임원진(CEO, CFO, CIO, COO 등)을 대상으로 이메일과 뉴스레터, 온라인 게시글에 헤드라인을 달고, 그 내용을 다듬을 수 있도록 교육한다. 그의 메시지는 명확하고 간결하다. 실수란 없다. 그가 작성한 모든 글에서 '하니시 식 글쓰기 규칙'을 확인할 수 있다.

① 시선을 끄는 헤드라인 굵은 글씨에는 눈길을 사로잡는 강력한 힘이 있다.
② 예측 가능한 분량 적은 문장으로 한 문단을 구성한다.
③ 알찬 내용 수다스럽지 않다. 언제나 꼭 필요한 정보만 들어가 있다.
④ 시간 절약 때로는 시간을 아낄 수 있다고 직접 안내하기도 한다.

전 세계 대규모 자산 동결이 시작된다

—— 세계적 경제예측가의 미래 금융위기 경고 ——

전국 서점
베스트셀러

뉴욕타임스
베스트셀러

아마존
베스트셀러

은행이 멈추는 날

제임스 리카즈 지음
서정아 옮김 | 18,000원

다가오는 위기에 맞서 스스로를 보호하려면
개인과 기업이 어떤 대비를 해야 하는지 현실적인 전략을 소개한 책

더난출판 www.thenanbiz.com
울시 마포구 양화로 12길 16 더난빌딩 7층 **전화** 02) 325-2525 **팩스** 02) 325-9007
로그 blog.naver.com/thenanbiz **페이스북** thenanbookdigital

내 몸을 지키는 건강 비결

식탁의 비밀

케빈 지아니 지음 | 전미영 옮김 | 16,000원

건강한 음식이 우리를 병들게 만든다

뉴욕타임스가 주목한 세계적 건강 블로거의 식생활 개선 프로젝트. 현실적인 건강법을 찾기 위해 무작정 길을 떠난 저자의 생생한 체험과 신뢰할 만한 전문가들의 조언을 결합해 누구나 자신만의 건강법을 발견할 수 있도록 돕는다. 자신이 지닌 유전자의 발현 방식을 알 때, 유행하는 다이어트에 휩쓸리지 않고 스스로에게 맞는 건강법을 찾을 수 있다.

전쟁사에서 건진 별미들

윤덕노 지음 | 14,000원

전쟁의 폐허 속에서 피어난 세계의 음식 문화 열전

25년간 기자생활을 하며 미국, 중국 등 전 세계 30여 개국을 돌아다니며 다채로운 음식을 맛보고 연구해온 음식문화평론가의 신작. 전쟁과 같은 극한 상황에서 탄생하거나 대중화된 먹거리와 그와 관련된 50여 가지 이야기를 통해 음식에 담긴 시대상과 인간상을 흥미롭게 풀어낸다.

★ 한국출판문화산업진흥원 선정 2016년 11월 '이달의 읽을 만한 책'

의사에게 **살해당하지 않는** 47가지 방법

곤도 마코토 지음 | 이근아 옮김 | 13,000원

의사의 친절에 가려진 불편한 의료 현장의 진실이 밝혀진다

40년간 의료 현장에서 일해온 현직 전문의가 병원의 진료에 대한 불편한 진실을 폭로한 책. 저자는 "암은 절제하지 않아야 낫는다" 등 의료계의 상식을 뒤엎는 발언을 서슴지 않으며, 과잉 진료로 이어지는 조기 암 진단이나 지나친 건강검진으로 인한 폐단을 낱낱이 밝힌다.

★ 일본 서점 100만 부 돌파 베스트셀러 1위

"3분짜리 경제백서"라는 문구부터 성장위원회Growth Leader를 하루 15분짜리 '작전회의'에 불러들이는 것 등이 그 예다.

독자들은 하니시의 글을 읽는 동안 단 한순간도 낭비할 필요가 없다. 그는 언제나 독자들의 시간을 존중하고 신경 쓴다. 꼭 알아야 할 정보가 무엇인지, 그리고 그 정보를 '어떻게 써먹어야 할 것인지'까지, 그의 글은 구조적으로 잘 짜여 있고, 균형감 있다. 그러한 글쓰기 전략은 큰 차이를 낳는다. 그는 헤드라인을 뒷받침하는 주요 정보뿐만 아니라 그것이 중요한 까닭까지 알려준다.

하니시의 칼럼은 간결함의 법칙을 고수한다. 그는 〈포천〉 지에 실리는 칼럼을 매번 5가지 항목으로 구성한다. 그 자신이 말했듯, "각 항목을 75개 단어로만 쓴다. 믿을 만하고 유용한 정보를 어떻게 써먹을지도 각각 알려준다. 적은 분량에 그만한 내용을 담아내는 과정은 굉장히 어렵다." 하지만 "이는 좋은 전략이다. 꼭 필요한 전략이기도 하다. 이것이 시장의 섭리다. 성장기업의 CEO와 임원진이 나의 독자들이기 때문이다. 접근하기도 어렵고 시간도 없는 사람들이다."

글의 윤곽을 드러내면서 시선을 끄는 헤드라인을 작성할 때, 하니시는 기자처럼 생각한다. 소셜 미디어는 순간적이고 즉각적인 매체다. 그러나 고작 몇 개 단어로 생각을 압축해 올리려면 시간이 필요하다.

"헤드라인을 어떻게 쓸지 고심하는 데 걸리는 시간이 나머지 내용을 어떻게 쓸지 생각하는 시간보다 더 오래 걸립니다. 하지만 헤드라인 작성법은 모든 경영진이 익혀야 할 규칙이라고 봅니다."

하니시는 칼럼을 쓸 때 자신의 규칙을 충실히 지킨다. 바쁜 경영인들은 딱 30초 안에 그의 칼럼이 유용한지 아닌지 결정할 수 있다. 물론 거의 모든 칼럼이 그들의 관심을 사로잡았다. 하니시에게 충성스러운 독자가 유난히 많은 것도 그 때문이다.

"어떤 칼럼을 자세히 읽는 데 얼마나 걸릴지 정확히 알려줍니다. 그래서 지금 읽을지, 나중에 읽을지 결정할 수 있게 하는 거죠." 하니시는 모든 임원진이 간결하게 의사소통하는 법을 익혀야 한다고 강조한다.

"간단하게 말한다고 해서 그 의미마저 간단하지는 않습니다. 사람들이 알아듣고 이해할 수 있으려면 간결하게 말해야 합니다."

독자에게 메시지를 제대로 전하려면 강렬한 단어는 되도록 적게 써야 한다.

간결하게 말하라. 그래야 당신의 메시지가 도드라진다. 그리고 알아들을 수 있다.

소셜 미디어부터 벤처캐피털까지, 소통의 힘

온라인에 퍼진 단순한 일화의 힘은 강력하다. 자신의 이야기와 상품을 단순한 이야기로 결합한 브랜디 템플Brandi Temple도 그 주인공이다. 그녀의 전략을 통해 아동복 회사 롤리 월리 두들LWD; Lolly Wolly Doodle은 2천억 달러의 벤처캐피털을 투자받았다.

템플에 따르면 LWD는 단순하고 강력한 이야기 덕분에 소셜 커머스 시장을 혁신적으로 이끌 수 있었다. 소셜 미디어에 상품을 소개하여 페이스북에서 전체 매출의 60퍼센트를 올렸고, 자사 홈페이지에서 나머지 매출 실적을 거두었다. 템플은 그 까닭을 이렇게 설명했다.

"저희 브랜드가 막 알려질 때 즈음, 고객을 확성기로 활용했기 때문입니다. 페이스북을 통해 매일 그들과 소통하고 이야기를 공유했죠. 고객의 피드백을 바탕으로 제품을 디자인한 건 물론이고요. 결국 고객 자신이 저희 브랜드의 전도사가 되었죠. LWD의 성공은 충성도 높은 팬들과 맺은 관계 덕분입니다."

이 브랜드의 페이스북 게시물은 모두 30단어를 넘지 않는다. 사진과 함께 상품의 상세 정보와 가격, 구매 가능한 사이즈를 설명한다. 게시물이 올라오면 팔로어들은 단 몇 분 안에 원하는 사이즈와 색상을 신청한다. 효과적인 방식이었다. 내가 템플을 만난 2013년 여름에 LWD의 페이스북 팔로어는 이미 60만 5천 명을 넘어섰다.

"제 두 딸에게 입히고 싶은 옷을 찾을 수가 없어서 제가 직접 만들기 시작했죠. 헌데 그러다 보니 여분으로 만든 옷이 너무 많이 남더군요. 그걸 이베이ebay와 페이스북에 올려 팔아야겠다고 맘먹었습니다. 자연스럽게 시작된 사업이죠."

LWD는 소비자의 욕구에 즉각 응함으로써 독점적 시장을 창출했다. 그리고 그 생산 모델은 투자자들의 구미를 당겼다.

"저희는 고객이 주문하는 옷만 만들고, 고객들이 원하는 점을 십분 반영합니다. 고객의 요청에 따라 디자인을 변경하기도 하죠."

LWD의 쌍방향 모델reactive model이 성공한 비결은 소셜 미디어의 즉각적 성격과 그 이점을 잘 활용했기 때문이다.

"저희 옷을 여러 사람에게 알리고, 저희와 함께 이야기를 만들어가는 것이야말로 LWD가 주는 즐거움을 누리는 가장 좋은 방법이죠."

벤처캐피털을 끌어들인 피드백 과정은 복잡하지 않았다. 고객들이 온라인에 짧은 후기를 올리면, 템플은 그에 맞춰 대응한다. 단골들이 온라인에 올린 간단하고 짧은 후기가 그녀의 사업에 날개를 달아주었다.

소셜 미디어는 간결한 언어의 성공 무대. 당신의 콘텐츠도 무수한 대중에게 가 닿을 수 있다. 그러니 소비자의 기대에 부응할 수 있도록 심혈을 기울여라. 정교하게 설계한 간결함이 바로 그 답이다.

빽빽한 글은 읽지 않는다

트위터에 올릴 내용을 140자로 줄이느라 끙끙대고 있다면 잘 들어라. 코카콜라Coca-Cola와 델Dell, 세일즈포스닷컴Salesforce.com 등 선도 브랜드의 소셜 미디어 활용을 이끌어온 애덤 브라운Adam Brown에 따르면, 이상적인 수준은 140자보다 적다.

"사실 가장 효과적인 길이는 80자 내외입니다. 브랜드 관리와 마케팅 전략의 관점에서 보자면 짧을수록 좋죠. 140자를 꽉 채우는 것보다 2배는 더 효과가 좋습니다."

그러니 이제 혀끝뿐 아니라 손끝까지 다듬을 때가 왔다. 말을 줄여야 한다.

브라운은 소셜 미디어가 진화한 까닭은 인류가 간결함을 욕망했기 때문이라고 말한다. 블로그와 마이크로블로그microblog부터 트위터와 인스타그램에 이르기까지, 온라인에서 콘텐츠를 만들고 공유하고 싶다면 더욱 쉽고 간결하게 만들어야 한다. 지금껏 그래왔고, 앞으로 점점 더할 것이다. 온라인 커뮤니케이션은 더욱 단순해지고 있다. 하지만 양질의 콘텐츠를 만드는 데에는 상당한 노력이 필요하다.

"페이스북과 트위터를 피곤해하는 사람들이 최근 들어 부쩍 늘었습니다. 손이 너무 많이 가거든요. '신경 써야 할 게 너무 많아. 쏟아부을 시간은 별로 없는데'라고 생각하는 거죠."

브라운은 인터넷 세상에서 눈에 띄고 싶다면 익혀야 할 '새로운 전통'이 있다고 말한다.

"영상을 넣으면 글자로만 작성할 때보다 다섯 배는 더 매력적입니다. 차세대 소셜 미디어는 콘텐츠를 생산할 필요가 없는 형태로 나아갈 겁니다. 목에 달고 있는 기기가 매 순간 사진을 찍는 거죠. 동시에 내가 어디에 있든 자동으로 업데이트해주고, 내 친구가 주변에 있다면 알려주는 겁니다. 이용자는 점점 더 수동적이 되어가는 거죠." 그러나 아직까지는 적극적인 간단명료함이 필수다.

역설적이지만, 우리의 수다스러움은 바로 교육의 결과다. 학생 시절, 최소 800자 이내로 써 내야 했던 전통적인 글쓰기 학습 말이다. 그러나 소셜 미디어에서 사람들의 관심을 받고 싶다면 그와 정확히 반대로 해야 한다.

"지금까지 우리가 받은 글쓰기 훈련과는 근본부터 다릅니다." 브라운이 말한다. 이제는 압축이 곧 성공을 의미한다.

"많은 사람이 모바일 기기를 통해 소셜 미디어를 소비합니다. 저는 이를 '손안의 브랜드'라 부르죠. 전철이든, 아이들을 데리러 가는 길이든, 이동 중에 들여다볼 일이 많다는 겁니다. 이게 바로 핵심입니다. 사람들은 *다른 무언가를 하고 있다*는 겁니다. 그러니 오늘의 지혜든, 대화든, 스토리텔링이든 더 간결하게, 더욱 간단명료하게 만들어야 합니다."

한마디로, 소셜 미디어와 이메일을 활용하여 바쁜 임원의 시선을 사로잡고 그들의 시간을 존중하라.

- 어떻게 하면 우리 조직의 뉴스레터나 소셜 미디어를 더욱 간결하게 만들 수 있을까?
- 독자의 입장에서 생각해보라. 어떤 헤드라인이나 이미지에 관심이 가는가, 읽어보고 싶어지는 것은 무엇인가?
- 고객은 당신의 디지털 기록에 무엇을 남길 수 있는가? 그들이 무엇을 원하는지 직접 물어보라. 단, 짧게 답할 수 있는 물음이어야 한다. 그러면 그들도 즉시 응답할 것이다. 고객들이 자신의 조그만 성공을 공유할 수 있게 하라. 당신의 제품이나 서비스가 바로 그 성공이다.

✓ **이미 명확해졌다면 더 이상 명확해지려고 애쓰지 마라**

완벽주의자들은 조금 더, 조금 더, 조금만 더 나아지려고 발버둥 친다. 명확하게 핵심을 짚었으면 그 이상 날카로워지려 애쓰지 마라. 지나치게 날카로우면 부러진다.

청중은 무엇을 듣고 싶어 하는가

좋은 설교의 비결은 좋은 시작과 끝이다.
그리고 이 둘은 되도록 가까워야 한다.
– 조지 번스

설교는 이제 그만

긴 설교를 듣는 건 생각만 해도 진저리 나는 일이다. 결혼식 주례사가
시작되는 순간 흔히 이런 생각이 든다. '얼마나 걸릴까? 이게 나한테
의미가 있기는 할까? 전에 들은 주례사랑 다른 점이라도 있나?'

당신은 설교에 열광하는 편인가? 혹시 영원히 계속될까 봐 두렵지
는 않은가? 두려움이 현실이 되어, 주례사가 30분이 넘도록 끝날 기
미조차 없다면 이런 생각이 들지는 않겠는가? '결혼이란 왜 이렇게 지
겹고 고통스러운 거지?'

그러면서 당신이 프레젠테이션을 할 때에는 그 자리에 붙잡힌 청중
에게 왜 똑같은 벌을 주는가? 청중이 아닌 화자가 되는 순간 사람들은

대체로 자신의 연설이 길수록 좋다고 생각하는 것 같다.

프레젠테이션이라는 단어를 듣는 순간 파워포인트에 무엇을 넣을지부터 생각한다면, 발상을 전환하라. 파워포인트보다는 청중이 무엇을 원할지를 먼저 생각해야 한다. 그들을 존중하라.

청중이 가득한 회의실 앞에 파워포인트도 없이 혼자 덩그러니 서 있으면 불안하긴 하다. 그러나 안타깝게도 사람들은 연사에게 의지할 데가 있는지 없는지는 신경 쓰지 않는다. 바로 본론으로 들어가 핵심을 말해주지 않으면, 머릿속으로 무수히 딴생각을 하거나 스마트폰을 만지작거릴 것이다.

다행히 새로운 희망이 보인다. TED 등의 컨퍼런스가 프레젠테이션을 새롭게 구성하고 있다. TED는 발표 시간을 18분 이하로 제한하는 등, 발표자가 지켜야 할 엄격한 규정을 세웠다.

이번 장에서는 산만하고 지겨워하는 청중과 효과적으로 의사소통하는 방법을 논하고자 한다. 노련한 발표자들이 자신의 비결을 나누어줄 것이다.

중요하고 복잡할수록 압축하라

리치 그로스 미 육군 준장은 합동참모본부 의장의 법률 고문을 지냈다. 그로스는 여러 방면에서 뛰어난 보기 드문 사람이었다. 변호사인데도 대단히 간결했다. 오해 마라. 그로스 자신도 "변호사는 절대 간결하게 말하지 않는다"고 인정한 바 있다.

군대에서의 삶은 시민들의 일상보다 훨씬 더 바쁘다. 그로스는 합참의장의 빡빡한 일정에 딱 맞춰 보고하기 위해 늘 조심하고 있었다.

"국가 안보는 복잡하고 포괄적인 문제입니다. 그런 문제를 바쁜 일상과 매일 벌어지는 복잡한 상황 속에 끼워넣어야 하죠. 쏟아지는 정보와 사투를 벌이는 겁니다. 24시간 내내 벌어지는 새로운 뉴스와 쉴 새 없이 울리는 스마트폰과 항상 경쟁하는 셈이죠."

그로스는 국가 안보에 관련한 법적 문제를 다룬다. 중요하고 복잡한 일이지만 그 내용을 1쪽 미만으로 압축할 줄 안다.

"복잡한 문제는 간결하게 만들 수 없다고 생각하기 쉽습니다. 하지만 사람들이 바쁘다는 사실을, 언제나 수백 가지 사안들에 둘러싸여 있다는 점을 알아야 합니다. 저는 늘 제 자신에게 이렇게 말해줍니다. '1쪽 이내로 말할 수 있다면 2쪽보다 훨씬 낫다. 반 쪽도 가능하다면 그게 1쪽보다 낫다'고 말입니다."

그로스는 버지니아 대학 법학 대학원과 조지타운 법학 대학원에서 강의도 하고 있다. 변호사들은 어떤 문제나 사건에 대해 얘기할 때 부엌 싱크대처럼 사소한 것 하나하나까지 모두 언급하려드는 강박이 있다고도 말했다.

"변호사들은 법정에서 할 수 있는 모든 변론을 다 쏟아냅니다. 그중 하나라도 받아들여지길 바라는 마음에서죠. 하지만 제가 언제나 학생들에게 강조하는 게 있습니다. 제 책에서도 언급한 방법이죠. 바로 '핵심을 먼저' 이야기하는 것입니다. 변호사의 기록이나 법적 견해보다 읽기 싫은 것도 드물 겁니다. 결국 뭘 해야 하는지, 가장 중요한 그 문제는 문서 끝까지 읽어야 나오거든요."

그로스는 이메일이든 문서든 첫 번째 문단을 다 읽기 전에 주제가 뭔지 정확히 알 수 있도록 신경 써서 작성한다.

"사람들은 첫 단락을 다 읽기도 전에, 혹은 보고가 시작되고 첫 1~2분 안에 제가 무슨 이야기를 하고 있는지, 제가 그들에게서 무엇을 필요로 하는지 다 파악합니다. 만약 핵심을 미리 알려주지 않고 세세한 배경 지식으로 에둘러 가면 사람들은 제 말을 적극적으로 듣지 않을 겁니다."

그로스는 또한 어떤 주제나 논의를 시작할 때면 다른 이들도 자신과 같은 생각을 하리라 오판한다고 꼬집었다. "다른 사람들도 자신과 똑같은 경험이나 배경을 갖고 있다고 생각하는 거죠."

모든 사람이 관련 정보를 알고 있는지 확인하지 않으면 프레젠테이션이 진행되는 내내 알아듣지 못해 전전긍긍하는 사람도 분명 있을 것이다.

그로스는 프레젠테이션을 시작하기 전에 고객이나 청중의 입장에 서보려 노력한다.

"사람들은 말합니다. '청중을 알라.' 하지만 청중을 알기만 해서는 안 됩니다. *그들의 언어로 말할 줄도 알아야 합니다.*"

그로스는 간결하고 효과적으로 말하기 위해서는 대담하고 전투적인 규율을 따라야 한다고 설명했다. 스스로를 단련하지도 않고, 다음과 같은 변명을 달지는 말자.

① 청중의 관심을 잃을까 봐 두렵다. 청중의 관심, 말의 맥락이나 논점 등을 놓쳤다는 생각이 들면 그때부터 횡설수설하기 시작한다. 되도

록 설득력 있는 프레젠테이션을 준비하고, 모든 사람이 처음부터 잘 따라올 수 있도록 하라. 할 일만 제대로 했다면 핵심은 저절로 전달될 것이다.

② 내용이 아닌 파워포인트에 힘을 쏟았다. 3가지 요점을 외우고 관련 자료를 완전히 이해하라. 그러면 슬라이드를 쉼 없이 흘끔거려야 하는 상황에서 자유로워질 것이다.

③ 핵심을 놓칠까 봐 두렵다. 모든 정보를 다 전달하지 못할까 봐 불안해할 필요가 없다. 주된 논거에 다다르기만 하면 당신이 세부사항을 건너뛰었든, 파워포인트 슬라이드를 놓쳤든, 누구도 알아보지 못할 것이다.

④ 주제에 대한 열정이 대단하다. 열정적인 발표자는 청중도 자신과 똑같이 느끼기를 바란다. 그러나 말이 장황해지면 원하는 결과를 얻을 수 없다. 강력하고 설득력 있으면서 잘 요약된 아이디어만이 청중을 끌어들일 것이다.

⑤ 개요를 만들 시간이 없었다. 변명할 여지조차 없다. 개요를 짤 시간은 언제나 있다. 깔끔하게 타이핑하든 냅킨에 끼적이든, 프레젠테이션의 목적과 3가지 핵심 단어, 결론이 무엇인지만 결정하라. 개요야말로 성공적인 프레젠테이션을 이끄는 첫발이다.

어려울지도 모른다. 그래도 당신의 아이디어를 되도록 간단명료하고 압축적으로 표현하기 위해 미리미리 시간과 노력을 들여라.

시카고에 있는 운송장비 제조업체 내비스타Navistar의 상무 베르나르도 발렌수엘라는 파워포인트 슬라이드 단 7장만 가지고 그의 상사들에게 해외 진출 전략을 프레젠테이션했다.

발렌수엘라는 몇 시간씩 끌었던 다른 임원들의 프레젠테이션과는 좀 다르게 해보기로 결심했다. "간단하고 논리적인 데다 듣는 사람들도 제대로 이해했습니다. 처음 3장으로 회사가 처한 상황과 관련 정보, 우리가 맞닥뜨린 도전과 기회를 소개했습니다. 마지막 장에서 우리가 달성할 수 있는 이익을 보여줬더니 경영진의 관심이 쏠리더군요."

발렌수엘라의 프레젠테이션이 워낙 성공적이다 보니 경영진은 그에게 프레젠테이션을 다시 한 번 해달라고 요청하기까지 했다.

"다들 그날 저녁 저에게 연락해서는 프레젠테이션을 다시 한 번 해줄 수 없냐고 물어보더군요."

발렌수엘라는 메시지를 10장 미만의 슬라이드로 압축하고, 자신의 프레젠테이션을 미래의 이익이라는 최종 목표로 끌고 갔다. 그동안 지리멸렬하고 장황하며 결론이 없는 프레젠테이션만 들어온 경영진이 발렌수엘라의 프레젠테이션을 다시 한 번 원하는 것도 놀랄 일이 아니었다.

간결함이 발렌수엘라를 구했다. 비지니스 전략의 가치와 객관적 타당성은 물론, 그 자신의 능력을 회사에 알리는 데 그때의 프레젠테이션이 혁혁한 공을 세운 것이다. 발렌수엘라는 경영진의 관심과 지지를 얻었다.

TED처럼 말하라

TED는 기술과 엔터테인먼트, 디자인 등에 관한 전 세계적인 컨퍼런스다. 새플링 재단Sapling Foundation이 진행하는 TED 프레젠테이션은 혁신적인 아이디어를 18분 안에 소개한다.

TED 강연자와 직원은 언제나 평범하고 짧은 단어를 사용한다. 그들은 간결함만이 청중의 시간과 관심을 존중하는 방법임을 잘 안다. 그들의 임무는 간단하다. "가치 있는 아이디어의 공유"다. 당신의 아이디어도 그럴 수 있다. 까다로운 것은 공유의 문제다.

에밀리 맥매너스는 2007년 1월부터 TED 웹사이트 편집을 담당해왔다. TED의 철학을 전하기 위해 그녀는 직원들에게 모든 콘텐츠를 본질만 압축하여 줄이는 법을 가르친다.

"간결하면서도 시대의 요구에 부응하는 아이디어를 표현하려면 사전에 상당한 노력을 들여야 합니다." 그녀는 프레젠테이션의 기승전결과 내용을 갈고 닦기 위해 시간을 투자해야 한다고 설명한다. 청중에게 꼭 필요한 메시지와 내용을 전달하려면 시간 안배가 아주 중요하다.

"5분 안에 본론으로 들어가야 합니다. 이야기를 압축하는 가장 좋은 방법은 15분 동안 모든 분야의 모든 이야기를 하려들지 않는 것입니다. (그보다는) 흥미로운 이야기 하나만 말하는 것이 좋습니다."

청중에게 꼭 알아야 할 배경 지식까지 설명하고 나면 마지막 메시지를 전하고 인사를 한 뒤 자리로 돌아가면 된다.

"이야기에 시작과 중간, 끝이 있다고 할 때, 가장 좋은 강연자는 중

왜부터 시작하라
: 문제 정의부터 시작하라

'왜?'는 회사가 풀어야 할 문제를 명확하게 알려주는 강력한 질문이다. 의자를 어떻게 묘사할지 생각해보라. 당신은 그 즉시 몇 가지 속성을 있는 대로 나열할 것이다. 다리가 4개에, 앉는 곳과 등받이가 있고 나무 또는 철로 만든다는 식으로 말이다. 의자가 아닌 기업을 설명한다면 역사와 상품, 위치, 재정 상태 등을 읊어대리라.

그러나 당신은 아마 그 의자가 왜 거기 있는지, 혹은 그 기업이 왜 존재하는지에 대해서는 설명하지 않을 것이다.

《나는 왜 이 일을 하는가Start with Why》라는 책에서 사이먼 사이넥Si-mon Sinek은 대부분의 기업이 '왜'를 설명하는 데 철저히 실패하고 그보다는 '어떻게, 언제, 어디서, 얼마나'와 같은 세부사항만 광범위하게 설명한다고 주장한다. '왜'가 생략되면서 우리는 길을 잃고 만다.(예 : 당신의 회사는 1968년에 설립되었다. 그런데 이게 왜 중요한가?)

효과적이고 효율적으로 말하려면 본질에 다가가야 한다. 가령 의자의 존재 이유는 서 있기 힘들 때 앉기 위해서다. 기업의 핵심 또한 문제를 정의하는 것이다. '왜'를 설명하고 나면 그 이후의 모든 말은 코앞에 닥쳐온 문제를 해결할 수 있는 논리적 방법이 된다. (예 : 당신 회사의 역사가 왜 그렇게 중요한지 이제 이해가 갑니다.)

'왜'를 먼저 밝히면,

- **사람들이 가장 궁금해하는 점에 답할 수 있다.** '이 이야기를 왜 들어야 하는가.' 그 까닭을 수긍한 사람들은 당신의 말을 더 열심히 들어줄 것이다.

- **가장 중요한 문제를 파헤칠 수 있다.** '왜'라는 질문은 또한 이야기의 주제가 무엇인지 분명하게 정의해준다. 따라서 핵심을 빠르게 밝히는 데 도움이 된다.

- **혼란스럽지 않다.** 더 깊고 자세하게 주제에 파고들어가도, 사람들은 여전히 집중력을 잃지 않을 것이다. 그리고 그 모든 정보가 서로 어떻게 맞아떨어지는지 이해할 수 있다.

간부터 시작하는 사람입니다. 아주 전문적인 주제에 대해 이야기하는 사람들은 그 분야를 몇 분 안에 개략적으로 설명할 수 있어야 합니다. 조금 어려운 문제를 펼쳐놓고 그 문제의 구체적인 부분에 집중하는 거죠."

특별히 기억에 남는 강연 중 하나는 엘리자베스 길버트Elizabeth Gilbert의 창의적 천재에 대한 이야기다. 그녀는 뛰어난 통찰력의 근원을 파헤치면서 예기치 못한 성공을 거둔 자신의 책과 제멋대로 흐르는 생각이 어디서 생겨났는지를 집중적으로 설명했다.(http://www.ted.com/talks/elizabeth_gilbert_on_genius.html)

그렇게 많은 청중 앞에서 이야기한다는 사실만으로도 스트레스가 쌓인다. 하지만 사전에 제대로 준비한다면 간결함으로 청중을 사로잡을 수 있을 것이다. 맥매너스는 사람들이 살펴볼 수 있는 자료를 나눠주는 것도 한 가지 방법이라고 추천한다. 그러면 청중은 당신이 간결하게 말하느라 놓친 부분도 잡아낼 수 있다.

"제가 직원들에게 가르쳐준 방법 하나는 동사를 찾으라는 것입니다. '되다'라는 표현을 자주 쓰면 더 효과적이고 섹시하면서 간단명료한 다른 동사를 놓치고 맙니다."

당신의 프레젠테이션을 TED 강연에 올려도 될 정도로 준비하고 싶다면 TED의 공식 기준을 활용해도 좋겠다. 그들은 "말이 길어지면 말하는 사람도, 청중도 의욕이 떨어지기" 때문에 강연자는 자신의 생각을 "한두 문장"으로 쓸 수 있어야 한다고 설명한다.

이 과제를 해결할 수 없다면 처음부터 다시 시작해야 한다. 다음번 프레젠테이션에서는 파워포인트 슬라이드를 평소의 반으로 줄여라.

그리고 다시, 다시 한 번 더 줄여보라. 가장 좋은 프레젠테이션은 앞 장에서 밝혔듯, 파워포인트 없이 발표하는 것이다.

www.TED.com에서 확인해보라. 그중 인기 있는 강연 몇 가지를 직접 보고, 강연자들이 간단하고 명확하며 간결한 언어를 어떻게 구사하는지 알아보라.

더 많은 정보를 원하거나 필요로 하는 사람이 있다면 그들이 당신을 직접 찾아올 것이다. 당신이 청중의 시간을 소중히 여기는 한, 그들도 당신을 객관적이고 중요한 정보의 원천으로 대할 것이다.

한마디로, 간단명료하고 군더더기 없는 프레젠테이션이 청중을 어떻게 존중하고 관심을 사로잡는지 살펴보라 그리고 그대로 실천하라.

✔ **적게 말할수록 많이 들릴 것이다**

어떤 친구는 자신의 아버지를 이렇게 묘사했다. "우리가 어릴 때 아버지는 말씀이 별로 없는 분이셨어. 그런데 아버지가 일단 한번 입을 열면 모두가 주의를 기울였지. 누구도 아버지 말씀을 놓치는 법이 없었어." 조심하고 자제하고 순간순간을 의식한다면, 우리가 적게 말해도 사람들은 많은 것을 알아들을 것이다.

입 다물고 팔아라

나의 꿈은 다른 사람들이 책 한 권으로 할 말을
열 문장 안에 끝내는 것이다.
– 프리드리히 니체

범퍼 스티커에 붙인 광고판

비즈니스 세계에서는 누구나 사고팔 궁리를 한다. 어느 쪽이었든 간에, 당신 또한 만족스러운 거래와 불만족스러운 거래를 모두 겪어보았을 것이다. 그리고 물론, 이 또한 간결함의 문제다.

내가 신입사원일 때 영업부장이 신입들에게 이런 현명한 경고를 날렸다. "막판까지 조잘대지 마라. 입 다물고 팔아라." 말이 많을수록 더 똑똑하고 더 준비되어 있고 더 설득력 있다고 착각하기 쉽지만, 사실은 그 반대가 맞다. 답은 짧고 간결해야 한다.

나 또한 들뜬 듯 흥분한 데다 열의마저 지나친 영업사원들의 장광설이 망친 계약을 여럿 보았다. 그럴 땐 차라리 떠들게 내버려두고, 더 많은 질문을 던지는 편이 오히려 낫다. 적극적 경청은 언제나 유효하고, 필수적인 전략이다. 물론 제대로 실천할 줄 아는 사람은 별로 없지만 말이다. 파는 쪽이든 사는 쪽이든 구매 및 판매 과정 내내 균형과 존중, 절제를 추구해야 한다.

크리스티 포크너Kristi Faulkner는 AMC 네트워크의 2012년 리얼리티 쇼 '더 피치The Pitch'에 등장한 뉴욕의 작은 광고대행사 위민카인드Womenkind의 설립자이자 회장이다. 직원들과 함께 클라이언트의 마음을 사로잡기 위해 분투해온 그녀는 간결한 세일즈 프레젠테이션이 승자를 결정하는 열쇠라고 말했다. 광고 세계에서는 *잘라내지 않으면 잘린다*는 사실을 그녀는 잘 알고 있었다.

"아이디어는 극도로 간결해야 합니다. 4단어보다는 3단어가, 6단어보다는 4단어가 낫죠. 어떤 아이디어를 누군가에게 전달하고자 한다면 명명백백하고 이해하기 쉬워야 합니다."

포크너는 아이디어를 정제해서 전달해야 잠재 고객의 마음을 더 쉽게 움직일 수 있다고 설명한다.

"말을 많이 쏟아낼수록 판매 가능성도 더 커진다고 생각하기 쉽지만 사실은 그렇지 않습니다. 한 가지 목표에는 공을 하나만 던져야 합니다. 그래야 적중할 확률도 높아지죠."

포크너는 매력적인 아이디어 하나를 제시하는 순간 바로 반응이 온다고 말했다. "제 말이 끝나기가 무섭게 사람들은 입을 엽니다. 그러고는 스스로 아이디어를 발전시켜 나가죠."

하지만 모든 사람에게 핵심 아이디어를 똑같이 이해시키는 일은 어려울 수 있다.

"말을 되도록 줄여야 합니다. 그래야 사람들이 혼란스러워하거나 옆길로 새지 않습니다. 말이 적을수록 더 명확해집니다."

포크너는 1960년대 폭스바겐Volkswagen의 유명한 광고 문구, "작게 생각하라Think Small"와 미국 독립 선언서를 인용했다.

"메시지를 최대한 간단하게 줄여야 합니다. 옥외 광고나 범퍼 스티커로 만들어 붙일 수 있을 만큼 간결해야 합니다.

자신감이 부족할 때 사람들은 두세 마디라도 덧붙이려듭니다. 하지만 설명이 필요하다면 그건 좋은 아이디어가 아닙니다. 글쓰기를 생각해보세요. 글쓰기는 다시 쓰기입니다. 계속해서 다시 쓰다 보면 지루해지죠. 그걸 알아야 합니다."

포크너는 성공적이고 창조적인 리더이자 기업가지만 그녀 자신도 처음 설립한 회사를 알리는 일은 무척 힘들었다고 인정한다.

"어려운 일입니다. 아마 모든 회사가 비슷한 어려움을 겪을 겁니다."

그러나 얼마간의 노력 끝에 포크너는 위민카인드의 슬로건을 이렇게 줄였다. "여성의 경제력을 향상시키는 마케팅 커뮤니케이션."

"상세한 내용까지 다 말하고 싶지만 그러면 기억에 남지도 않을뿐더러 설득력도 떨어집니다."

이 기업의 내러티브는 여성의 힘을 인정하는 데서 시작한다. 그녀는 '누구에게, 어떻게' 회사를 설명할 것인지를 먼저 해결한 뒤, 여성의 경제력에 집중하였기에 성공할 수 있었다.

포크너의 단순한 카피가 위민카인드를 돋보이게 했다. 당신의 광고도 이렇게 알차고 기억하기 쉬워야 한다.

의미 있는 정보만 전달하라

엘리 말루프는 노련한 기업 간부이자 식음료 제공업체 HMSHost의 전직 임원이었다. 그는 경력을 쌓는 내내 여러 기업의 경영진 앞에서 고난도의 세일즈 프레젠테이션을 다수 진행했다.

말루프는 많은 경험과 자기만의 영업 기술을 갖춘 사람도 프레젠테이션을 진행하는 동안에는 철저하게 상대방의 시각에 맞추어야 한다고 설명했다. 거래를 결정짓는 순간에는 *제품을 고객에게* 맞춰야 하는 것이다.

"간결하게 말하기 위해서는 언제나 '이들이 이미 알고 있는 사실은 무엇인가?'라고 질문하며 시작해야 합니다. 다들 알고 있는 정보가 무엇인지 파악하고, 서로의 공통 기반을 먼저 이해하는 것이 핵심입니다."

세일즈 프레젠테이션도 마찬가지다. 기본 정보를 이미 알고 있는 고객에게 자기소개를 하느라 시간을 낭비하지 마라. 그들이 왜 당신의 제안을 받아들이고, 지지해야 하는지 그 까닭과 가치를 알리는 데 집중해야 한다. 새롭고 의미 있는 정보만 간결하게 전달하면 프레젠테이션이 대화가 될 것이다.

"사람들은 자기 자신에 대해, 자사의 역사와 제품에 대해 설명하느라 전체 시간의 반 이상을 씁니다. (하지만 소비자들은) *무엇이 다르고 무엇이 더 나은지*를 알고 싶어 할 뿐이죠. 저는 프레젠테이션을 토론으로 만들고 싶습니다. 저 자신은 물론이고 그 자리에 있는 누구도 혼잣말로 중얼거리는 일이 없도록 하는 거죠.

대화는 언제나 판매를 이긴다
영업용 멘트는 집어치워라. 그냥 대화하라.

했던 이야기를 하고 또 하면 호소력이 반감되고 시간만 갑니다. 때문에 상대방이 기본 정보를 미리 파악하고 왔는지 알아보는 법을 터득해야 했습니다."

이런 상황에서는 타이밍이 중요하다. 말루프도 말한다. "처음 5분이나 10분 안에 당신이(또는 당신의 제품이나 서비스가) 남다르고 가치 있다는 인상을 주지 못하면 이후 20분도 쓸모없어집니다. 사람들은 처음 몇 분 안에 흠을 잡기 시작할 테니까요."

청중의 몸짓을 읽으면서 당신의 발언이 그들에게 미치는 영향력을 파악하라. 그러면 당신의 메시지가 제대로 전달되었는지, 중간에 멈춰서 다른 곳을 살펴보고 싶어 하는 사람은 없는지 알아볼 수 있다. 말루프가 말하듯 무차별 사격은 언제나 실패만을 낳는다.

"천천히 말하면서 전체적인 분위기를 감지하면 상황을 지휘하기가 쉬울 겁니다. 또 필요할 때 잠시 멈춰서 질문을 받을 수도 있죠. 머릿속에 질문만 쌓여간다면 청중은 당신이 그다음에 말하는 10쪽짜리 내용은 듣지도 않을 겁니다."

할 말을 즉석에서 압축할 준비도 해야 한다. 얼마 전 말루프는 인도에서 온 한 CEO 앞에서 발표할 시간이 2시간에서 30분으로 줄었음을 뒤늦게 안 적이 있다. 이처럼 예기치 못한 상황에 무방비로 당하는 일이 없도록 하라.

"전 언제나 공식적으로 배정받은 시간의 반 정도만 쓸 수 있다고 생각합니다. 시작이 지연될 수도 있고 생각보다 빨리 끝내야 할 수도 있고, 중간에 뭐가 끼어들지도 모르니까요."

회의실에 들어갈 때에는 파워포인트를 버려라. PPT 파일은 발표를

엘리베이터 스피치
: '왜, 무엇을, 그래서 어떻게' 마스터하기

완벽한 엘리베이터 스피치는 기업의 메시지를 짧은 시간에 전달하여 상대에게 영감을 주고 인정을 받는 기술이다.

명문 대학의 취업 박람회에서 나의 회사 셰필드는 그 자리에 참석한 〈포천〉지 선정 500대 기업 중 영세한 축에 속했다. 하지만 박람회 내내 우리 부스는 이야기를 나눠보려는 사람들로 가장 북적였다. 우리의 성장 스토리를 간단하고 빠르게 설명하는 방법, 즉 엘리베이터 스피치는 즉각적인 관심을 끌었다. 사람들은 내러티브에 초점을 맞춘 우리의 '다윗과 골리앗' 이야기를, 우리가 대형 에이전시를 끌어내린 이야기를 듣고 싶어 했다. 그들은 또 우리가 인문학 전공자에게 어떻게 취업 기회를 제공하는지에 흥미를 보였다.

막바지에 이르자 우리와 이야기를 해보려 사람들이 길게 줄 서 있는 광경에 깜짝 놀라며 행사 진행자가 물었다. "무슨 얘기를 하시는데 그래요?" 나는 그녀에게도 엘리베이터 스피치를 했다. 45초 뒤, 그녀가 웃으며 말했다. "아시겠지만, 이 자리에 온 많은 인사담당자들은, 특히 대기업 담당자들은 당신처럼 자기 기업이 무엇을 하는지에 대해 명확히 이야기할 줄 모릅니다."

엘리베이터 스피치를 할 때에는,

- **짧게 이야기하라.** 즉각적인 흥미를 유발하고 지속적인 인상을 남겨야 한다.
- **대화를 시작하고 상대방을 끌어들여라.** 사람들의 관심을 붙잡고만 있으면 안 된다. 그들이 직접 참여해 말하게 해야 한다.
- **공감대를 형성하라.** 의미 없는 독백은 피하고 사람들이 기꺼이 참여하여 질문을 던질 수 있게 하라.

준비하는 동안 머릿속에 핵심을 그리는 데 사용하는 것으로 족하다. 기술에 기댈 필요가 없는 당신은 더욱 준비된 사람으로, 유능한 사람으로 보일 것이다.

"저는 파워포인트를 사용하지 않지만 사전에는 현장에서 쓸 것처럼 준비합니다. 이야기의 핵심을 정리하고 리허설도 꼼꼼하게 챙겨서 현장에서 자신감 있고 편안하게 진행하는 거죠."

기억하라. 간단하고 명확하다는 것은 하찮고 유치하다는 뜻이 아니다. 청중에게 올바른 정보를 명확히 전달하고 누구 하나 뒤처지지 않도록 적당한 속도를 유지하여 그들의 지루함을 덜어주어라.

"간결함을 정보 부족으로 혼동해선 안 됩니다. 간결한 메시지로 청중에게 확신을 주어야 합니다."

상대방의 궁금증을 풀어라

잔뼈 굵은 영업기획자 톰 서시는 IBM의 발표자가 자신의 질문에 제때 대답을 못하자 2천만 달러에 달하는 구매 계약을 취소했다. 구매자인 서시는 물론 판매자인 IBM 측도 그 계약이 성사되리라 확신했지만 예상은 빗나갔다.

프레젠테이션이 시작되고 20분이 흐른 뒤, 서시가 중간에 끼어들어 말했다. "죄송합니다, 여러분. 저도 여러분의 시간을 존중해드릴 테니 제 시간도 기꺼이 존중해주시기 바랍니다. 그럼 제가 오늘 이 자리에서 듣고 싶은 것이 무엇인지 말씀 드리죠."

서시는 꼭 알아야 할 내용을 정확히 짚어 질문했지만, IBM 영업팀은 이렇게 대답했다. "그 문제는 차후에 알려드릴 예정입니다. 하지만 지금은 먼저 보여드리고 싶은 것이 있습니다." 그러면서 그들은 미리 정해 놓은 안건을 계속 끌고 갔다.

그렇게 20분이 흐른 뒤에도 발표자는 여전히 서시가 이야기하고 싶어 하는 주제에 다가가지 못했다. 그래서 서시는 다시 한 번 끼어들어 말했다. "이 점에 대해서는 분명히 해두고 싶군요. 저는 지금 당장 풀고 싶은 문제가 3가지 있습니다. 여러분이 그 문제를 해결하는 데 도움이 되리라 믿습니다. 그런데 지금까지는 그 3가지 문제에 단 1분도 할애하지 않으셨습니다. 이 3가지를 어떻게 풀어나갈지 말씀해주시겠습니까?"

발표자가 말했다. "물론입니다. 이제 그 얘기를 할 참이었습니다."

그리고 또 10분이 지났지만 그들은 여전히 서시의 질문에 답하지 못하고 있었다. 다시 서시가 나섰다. "그만하죠. 제 질문에 지금 당장 대답해주십시오. 아니면 여기서 나가주시기 바랍니다. 제 질문에 답할 수 있는 사람이 있다면 그 사람을 데려오십시오."

서시는 5분 안에 회의를 끝내버렸다. "그 문제를 얘기해줄 수 있는 사람을 불러주십시오."

간혹 프레젠테이션을 자기 방식대로 전달하는 데에 푹 빠져 있는 사람들이 있다. 그것이 결국 어떤 결과를 불러올지 상관없이 말이다. IBM 담당자들은 고객과 단절된 탓에 프레젠테이션을 성공적으로 마치고, 제품을 판매할 기회를 놓치고 말았다.

한마디로, 목표에 적합한 짧은 카피와 프레젠테이션이 구매자와 판매자 모두의 만족을 보장한다.

■ 당신이 잠재 고객과 함께 엘리베이터에 탔다고 해보자. 내리기 전까지 그를 설득할 수 있겠는가? 2분 안에 홍보를 마치는 연습을 하라. 시간을 맞춰라.

■ 당신이 판매자라면 홍보에만 주력하지 말고 고객의 이야기를 들어라. 그들의 필요를 파악하기 위해 사려 깊은 질문을 건네고 그들의 대답을 주의 깊게 들어라.

■ 말이 많을수록 준비는 덜 된 것처럼 보일 것이다. 그런 실수를 저지르지 마라. 바쁜 임원들은 당신이 하는 말을 자르거나 아예 듣지 않을 것이다.

✔ 사람들은 이야기에 열광한다

사람들은 세일즈 프레젠테이션보다 이야기를 듣고 싶어 한다. (구매)설득은 참고 듣는 쪽에 가깝다. 《스토리 프루프Story Proof》의 저자 켄들 헤이븐Kendall Haven은 이렇게 말한다. "사람들은 논문도, 강의도, 유익한 에세이도 아닌 이야기에 열광한다." 스토리텔링은 한시 바삐 되찾아야 할 잊힌 기술이다. 설득 역시 기술이지만 감동이 없다. 반면에 스토리텔링은 언제나 만족을 준다.

그나저나 이 멋진 생각은
누구 것이지?

흔치 않은 말을 하려면 흔한 단어를 써야 한다.
– 아르투르 쇼펜하우어

거창한 아이디어, 빈약한 계획

수년 전, 나의 누이가 잃어버린 물건을 추적하는 장치를 생각해냈다. 휴일 가족 모임에서 그녀는 흥분을 감추지 못한 채 그 아이디어를 설명했다. 발명가는 아니지만, 그녀는 이 장치가 엄청난 인기를 얻어 수백만 달러를 벌어다 줄 것이라며 저녁 내내 그 이야기를 했다.

내가 누이에게 그 장치가 정확히 어떻게 작동하는 거냐는 (빤한) 질문을 던지자 그녀는 얼굴을 붉히며 자세하게 설명하지 못했다.

"어쨌든 돈은 어마어마하게 벌 거야. 내 말 믿으라니까." 누이가 방어 태세를 취하며 말했다.

흥분한 누이는 그 순간, 자신의 엄청난 아이디어를 열정적으로 늘어놓지만, 정작 핵심을 놓치는 무수한 임원들의 모습과 닮아 있었다. 조직의 리더들은 새로운 전략이나 비전과 가치, 문화 등을 열렬히 설명하지만, '그것을 어떻게 현실로 만들 수 있는지'는 모른다. 그러고는 왜 좀 더 많은 사람이 자신의 견해에 동조하지 않는지, 왜 자기 생각을 아무도 알아주지 않는지 이해하지 못한다.

간결함은 추상적인 아이디어를 구체적으로 설명해준다. 거창한 수식어나 불필요한 세부사항에 파묻히지 않도록 체계를 세우고, 누구나 이해할 수 있도록 표현한다.

복잡한 전략을 내러티브로 정리해낸 한 군사 전략가부터 획기적인 아이디어를 실현한 기업인에 이르기까지 다양한 사례를 면밀히 살펴보자.

광고지 전략

에릭 헨더슨 대령은 내러티브가 얼마나 전략적으로 가치 있는지를 잘 아는 군인이다. 아프가니스탄 남부의 10사단에 배치되었을 때 그는 부대원들이 전략을 쉽게 이해할 수 있도록 내러티브를 활용해 간결하게 설명하기로 마음먹었다.

"저는 군사 전략을 단순하고 쉽게 표현하고 싶었습니다. 사람들은 세상을 이야기로 바라봅니다. 우리의 전략 역시 내러티브와 캐릭터로 압축할 수 있다고 확신했습니다."

1년 뒤 고향으로 돌아왔을 때 헨더슨은 나에게 연락해 단 한마디를 남겼다. "효과가 있었습니다! 운이 좋았죠. 군 생활 25년 만에 최고의 홍보팀을 만났습니다. 공보장교도 상당히 흥분했습니다. 내러티브를 활용하는 과정을 설명했더니 그러더군요. '이거 물건이군.'"

사령관은 내러티브의 힘을 믿었다. 일부 부사령관도 그 힘을 믿었다. 헨더슨의 상관도 이해했다. 놀라운 일이었다. 헨더슨은 군대에서 이렇게 의견이 일치하는 경우는 드문 일이라고 했다.

"우리의 이야기가 작전지역에서 지배적 내러티브가 되었다는 명백한 증거도 있습니다. 적군조차 우리 이야기의 일부를 가져다 썼거든요. 그들 자신의 방식이 아니라 우리 방식대로 상황을 설명하기 시작했습니다.

아프가니스탄 측의 리더들과 마주앉으면 그쪽에서 말합니다. '이곳 상황이 어떻게 돌아가고 있는지 말씀 드리죠.' 그러면서 우리가 여태껏 해온 얘기를 그대로 하는 겁니다. 그렇게 해서 우리 전략이 대히트를 쳤다는 사실을 알게 된 거죠."

조직의 나머지 대원들에게 핵심 내러티브를 이해시키는 일이 가장 어려웠다. "저희는 군사작전 수행을 어떻게 이야기로 만들 수 있는지 고민했습니다. 군사들이 전략을 그저 전해 듣기만 하는 것이 아니라, 그 내러티브에 직접 참여할 수 있도록 했죠."

헨더슨은 사령관조차 간결함의 힘을 인정했다고 설명했다. "사령관의 임무 중 절반은 모든 대원이 같은 방향을 향해 같은 속도로 행진하고 있는지 확인하는 겁니다. 계획과 의도를 드러내는 이야기를 만들고, 그 이야기를 실현해나가야 하죠."

때로는 40쪽짜리 군사 작전을 짧게 발표해야 할 때도 있었다.

"광고지 수준으로 압축할 수 있어야 합니다. 이른바 광고지 전략이라 부르는 기술인데, 제대로 해내기만 하면 최고의 결과를 낼 수 있습니다. 모두가 합의한 진실이 탄생하거든요. 우리는 상부에도 이런 방식으로 이야기를 전달했습니다."

유연한 이야기 덕분에 헨더슨과 그의 팀은 새로 발생하는 사건과 문제도 내러티브에 통합시키기가 쉬워졌다.

"내러티브가 없으면 관계자의 절반 정도만이 이해하고 반응했을 겁니다. 사람들은 '여기에 대해 뭐라 말해야 하지?' 고민하며 혼란스러워할 테죠. 하지만 내러티브를 사용하면 완전히 달라집니다. 방어적인 분위기에 사로잡히는 대신 제 이야기가 옳다는 증거가 드러나는 겁니다. 내러티브로는 간결한 표현이 가능합니다. 복잡하게 얽힌 수많은 문제가 임팩트 있는 해결책으로 바뀝니다. 이것이 엘리베이터 스피치죠."

헨더슨은 말을 이었다. "조직의 역할은 무슨 일이 벌어졌나를 설명하는 것이 아닙니다. 그보다는 발생한 문제를 기존의 내러티브 안에 녹여내고, 어떻게 풀어나갈지를 설명해야 하죠. 내러티브는 상황을 이해하고, 해결 방안을 제시하는 하나의 과정입니다. 신속하고 간단하며, 믿음직한 전략입니다."

아프가니스탄전 당시 간결함을 활용한 헨더슨의 성공은 응집력 있는 이야기가 복잡한 상황과 전략마저 통합하고 단순화할 수 있다는 사실을 보여준다. 내러티브는 구성원 모두가 계획을 이해하고 조정하며 실행할 수 있도록 돕는다.

간결함의 비즈니스 가치

작가이자 기업가인 번 하니시는 간결함의 2가지 비즈니스 가치를 발견했다. 바로 명확성과 철저한 집중력이다. 그는 페이스북을 예로 들었다.

"페이스북이 침체기에서 벗어난 것은 명확한 목표를 향해 온 힘을 쏟았기 때문입니다. 마크 저커버그Mark Zuckerberg는 2011년 12월 어느 날, 잠에서 깨어 이렇게 말했습니다. '이런 세상에, 핸드폰을 놓쳤네.' 그 후 페이스북의 전 사원이 단 한 단어로 요약할 수 있는 단 하나의 임무에 모든 역량을 집중했습니다."

페이스북은 다음 해 5월 모바일 사업을 시작했다.

하니시가 말했다. "기업가는 ADHD(주의력결핍 및 과잉행동장애)의 모든 증상을 보입니다. 무언가 하나에 집중하질 못하죠. 빛나는 물체를 하나씩 주워 와 모으는 것과 비슷합니다. 하나에 몰두하다 보면 그 다음으로 흥미 있는 대상이 금세 주의를 끄는 거죠." 이런 산만함 때문에 기업 임원들은 목표에 온전히 집중하지 못한다.

"스티브 잡스가 픽사Pixar에서 황폐한 시간을 보낼 때 배운 점이 바로 이것입니다. 한 가지에 집중하는 것이 곧 힘이라는 거죠. 픽사에는 〈토이스토리Toystory〉에만 매달려도 좋은 부와 자유가 있었습니다. 모든 노력을 그 영화 한 편에 쏟아부을 수 있었기 때문에 어마어마한 성공을 거둔 겁니다. 그래서 애플도 잡스가 돌아온 후로는 2년마다 한 가지 제품만을 내놓게 되었습니다. 영화 제작과 다르지 않죠. 이런 철저한 집중이 그 어느 때보다 중요해졌습니다. 경쟁이 워낙 심해졌기 때문이죠. 무언가에 미친 듯이 몰두하지 않으면 패배하고 마는 겁니다."

단 하나의 비전이 위대한 프레젠테이션의 원천이었다. 잡스의 간결함은 뚜렷한 목표를 향한 집중력에서 태어났다.

기업가의 딜레마
: 뒤섞인 메시지

폴 코지아즈와 글렌 심커스는 공인중개사를 위한 디지털 문서화 상품인 카르타비Cartavi를 출시할 때 난관에 봉착했다. 그들은 투자자와 고객 들에게 간단하고 분명한 메시지를 전달하지 못했다. 그들에게 각각 맞춤형 설명을 하려고 했지만, 오래지 않아 두 사람의 시도는 수포로 돌아갔고 목적도 달성하지 못했다.

"기업가가 되어 무언가를 새로 시작한다는 것 자체가 정신없는 일입니다. 모든 사람에게 좋은 인상을 남길 이야기를 만들어야 하죠. 카르타비가 무엇인지 사람들은 감조차 잡지 못한다는 사실을 깨닫고 나서야 간결함의 중요성을 깨달았습니다."

안타깝게도 코지아즈와 심커스의 열정은 더 큰 혼란만 낳았다.

"저희는 몇 시간을 들여 모든 기능과 특징을 설명하고 이 제품이 필요한 이유를 알리고자 했습니다. 그런데 각기 다른 집단이 어떤 이야기를 듣고 싶어 할지 알 수가 없었지요."

나는 그들이 모든 사람에게 하고 싶은 단 하나의 이야기를 만들어

내도록 도왔고, 결국 명확한 메시지를 이끌어냈다. 그들은 공인중개사들이 고객의 요구에 더욱 능숙하고 즉각적으로 대응해, 더 많은 거래를 성사시킬 수 있도록 기술을 향상시켰다. 드롭박스Dropbox(웹파일 공유 및 연동 서비스)와 비슷한 그들의 제품은 쉽고 편리하며 안전할 뿐만 아니라 불필요한 문서 업무를 생략할 수 있어 더욱 효과적이었다.

"저희는 바로 이 부분에서 반향이 일어나리라 내다보았습니다. 사람들은 아이패드와 핸드폰, 사용자 친화적인 단순한 디자인에 대해 이야기하면 고개를 끄덕이거든요. 이런 기기의 가치를 알아보는 거죠. 공인중개사들도 소비자의 요구에 즉각 대응하고 싶어 합니다. 지금까지는 어떻게 일했는지 몰라도 카르타비는 공인중개사가 밤 12시에도 고객의 요청에 바로 반응할 수 있도록 설계되었습니다. 고객들의 요구에 맞출 수 있으니 전문은 강화되었고 일거리도 더욱 많아졌죠."

이듬해 카르타비는 이야기를 구체적으로 발전시키기 시작하였다. 경쟁이 심해질수록 자사 제품의 차별화된 강점이 눈에 들어온 것이다.

"경쟁업체들이 저희 이야기를 베껴 쓰는 광경도 더러 보았습니다. 심지어 저희 제품의 구성 요소에 대한 이야기까지 따라하는 경우도 있더군요."

이후 2년 간 카르타비는 핵심 메시지를 고수하며 나날이 성장했다.

"그 당시에는 자금도 충분치 않았고 광고나 마케팅 공세도 없었습니다. 그런데도 좋은 클라이언트를 많이 유치할 수 있었지요. 그중 하나가 도큐사인DocuSign과의 협업이었습니다. 이제는 더 큰 기업, 대형 부동산 프랜차이즈가 복잡한 문서 관리의 현실적인 해결책으로 저희 카르바티를 채택하고 있습니다. 저희가 처음부터 하고자 했던 바로 그 일이죠. 물론 과거에는 그렇게 큰 업체들은 저희가 누군지 알지도 못했지만요. 성장 곡선이 가파르게 올랐습니다. 수직 상승하고 있어요. 경이로울 따름입니다."

투자자의 요구에 맞춰라

나나 나시프는 신생 건강관리 기업이 벤처 캐피털을 유치할 수 있는 홍보 플랫폼인 헬스박스Healthbox의 설립자이자 CEO다. 그녀는 투자자들이 최종 결정을 내리는 데 필요한 것만 정확히 전달할 수 있도록 임원들을 훈련시킨다.

"기업가들이 전체 사업안에 대해 되는 대로 '토해내는' 광경을 수도 없이 목격했습니다. 자신의 기업이 얼마나 훌륭한지, 자신들이 어떤 문제를 해결하고 있으며 무엇을 하고 있는지, 다들 자신의 기업을 얼마나 좋아하는지 등을 쉼 없이 이야기하는 거죠."

하지만 걸러내지 않은 정보의 홍수는 투자자들에게 좋은 인상을 남기지 못한다. 투자자들은 어떤 아이디어나 기업에 지원할 만한 *가치*가 있는지 알고 싶어 할 뿐이다.

"기업가들은 대부분 일에 대한 열정이 넘칩니다. 그래서 다른 사람들도 자신처럼 일과 관련된 이야기를 모두 알아들을 수 있다고 생각합니다. '내 사업을 다른 사람들도 이해하기 쉽게 설명하려면 어떻게 해야 하지?'라는 고민 자체를 하지 않는 거죠."

기업가들이 투자 회의에 들어갈 때마다 투자자들이 알고 싶어 하는 주제에 대해 토론할 준비를 해야 한다고 나시프는 설명한다. "기업가들은 투자자 입장에서 대화를 이끌지 않고 자신이 하고 싶은 이야기만 아주 방대하게 늘어놓고 맙니다."

예를 들어 기업가들은 일반 투자자와 엔젤 투자자의 차이를 알아야한다. 서로 다른 성격의 두 청중을 모두 아우르는 프레젠테이션을 준비할 수는 없는 노릇이다. "엔젤 투자자는 기업가가 자신의 사업과 그성장 가능성을 시장에서 입증할 수 있도록 돕고 싶어 합니다. 반면 일반 투자자는 시장성 검증이 이미 끝났다는 전제 하에 기업이 앞으로어떻게 성장할지, 회사의 규모와 매출을 키워나갈 계획은 무엇인지를알고 싶어 합니다."

코치를 맡을 새로운 기업과 인터뷰를 할 때 나시프는 그 자리에서바로 협업 여부를 결정한다.

"기업가를 만나 그들의 프레젠테이션을 5분에서 10분만 듣고 있어도 감이 옵니다. 제 첫 번째 질문은 이겁니다. '저희가 모르는 귀사의특징을 말씀해주세요. 이루고자 하는 목표는 무엇이고 저희와의 협업을 통해 무엇을 얻고자 하시나요?' 그들이 웅얼거리기 시작해 1시간이 지나도록 말을 끝내지 않으면 그 회사가 뭐하는 곳인지는 끝내 알수가 없죠."

아무리 거대한 아이디어라도 그 요약 보고서는 5분을 채 넘기면 안된다. 설명하기 까다롭다면 첫마디를 이렇게 뗄 수 있다고 나시프는제안한다. "'아주 복잡한 사업입니다. 그래서 저희가 궁극적으로 무엇을 이루고자 하는지를 먼저 말씀 드리려 합니다.' 그런 뒤 사업 모델이나 제품의 세부사항으로 들어가는 겁니다.

그게 나와 무슨 상관인가
: 이해득실을 확실하게 짚어주어라

직원과 소비자는 모두 단 하나의 질문을 공유한다. 아주 강력하고 절대적인 물음이다.

"그래서 그게 나와 무슨 상관인가?"

이 교훈을 배운 곳은 부유한 경제도시도, 활기찬 관광지도 아닌 인디애나 주 테러호트에 있는 컬럼비아 하우스Columbia House 본사였다. 그곳은 "1페니에 8트랙 테이프와 카세트테이프, CD와 DVD 13개를 구입하세요"라는 카피로 유명한 회사였지만, 2000년대 이후 사세가 급격히 기울면서 인수합병설이 나돌았다.

변화 관리 계획의 일환으로, 나는 그곳 직원들이 회사의 변화를 더 빠르게 받아들일 수 있도록 돕고자 워크숍을 진행했다. 워크숍 기간 동안 나는 중간관리자 및 그들의 상급 관리자 들과 가까이 지냈다. 그런데 회사의 지침을 어떻게 공유하고 수행할 것인지를 익히던 날, 한 여성이 내게 물었다. "이런 걸 배우는 건 좋아요. 그런데 제 직원들은 워크숍 내내 딱 한 가지만 생각하고 있어요. '이게 나랑 무슨 상관이지?' 그들이 진짜 알고 싶은 건 따로 있거든요. '내가 이것 때문에 일자리를 잃게 되는 건가?' 하는 거죠."

그 순간 한 대 얻어맞은 것 같았다. 간결함이란 곧 최대한 빨리 메시지를 전하는 일이다. 그 메시지가 내게 달콤한 열매가 되든, 급소를 찌르는 칼날이 되든 말이다.

사람들이 정말로 듣고 싶은 한마디, '그래서 결국 나랑 무슨 상관인가'를 반드시 밝혀야 한다. 왜냐하면,

- **동기부여를 할 수 있다.** 당신의 이야기를 들어야 할 이유를 알려주지 못하면 사람들은 관심도, 시간도, 믿음도 거두어 갈 것이다.
- **불필요한 이야기는 걷어낼 수 있다.** 청중에게 꼭 필요한 것이 무엇인지 알면 훨씬 더 간결하게 말할 수 있다. 그들과 상관없는 내용은 지우고, 핵심적이면서 그들의 목적에 부합하는 것만 말하라.
- **결정타를 날릴 수 있다.** 사람들은 핵심만 빠르고 단호하게 듣고 싶어 한다. 짧고 굵은 반전 개그처럼.

사람들의 시간을 존중하라
임원들은 시간 낭비를 싫어한다. 당신의 짧은 이야기가 그들을 구할 것이다.

상대방의 관심을 어떻게 끌어올지, 그들을 대화에 참여시킬지 아니면 아무런 핵심 없이 그저 계속해서 혼자서만 말할지 생각해야 합니다.”

나시프는 자신의 경험담도 함께 들려주었다. “시카고에 있는 건강 보험 회사가 300만 달러를 투자할 의향이 있는지 알아보기 위해 찾아간 적이 있습니다. 회의 자리에서 어떻게 하면 이해하기 쉽게 설명하고, 설득할 수 있을지 계속 고민하고 있었죠. 대화하는 동안 저는 그곳 간부가 제 말에 관심을 보이고 있는지, 투자를 결정하는 데 필요한 정보는 충분한지 확인했습니다.”

한참 이야기를 나누던 중, 나시프가 말을 멈추고 물었다. “저희 설명이 이해할 만하십니까? 경영진이 승인할 수 있는 조건이 갖추어졌는지 궁금합니다.”

상대가 대답했다. “귀사의 사업 모델이 무엇인지 잘 알겠습니다.”

그러자 나시프는 “그건 제 질문에 대한 답이 아닙니다. 제가 드린 정보가 충분하고, 이해가 잘되는지를 여쭙고 있습니다”라고 말했다.

대담해 보이겠지만 상대방이 내 말을 제대로 이해하고 있는지 끈질기게 확인해야 한다. 투자자가 나시프의 이야기를 잘 쫓아가고 있다는 신호를 보이지 않으면 투자 결정도 장담할 수 없다. “확인하지 않고는 바로잡을 수도 없습니다.”

한마디로, 좋은 아이디어는 간단히 설명할 수 있다. 당신의 거창한 아이디어를 몇 문장으로 요약할 수 있는가?

- 회사의 새로운 프로젝트나 목표 및 실행안을 가족들 앞에서 5분 안에 소개하는 연습을 해보라. 그들에게 솔직한 피드백을 구하

자. 당신이 하는 말을 가족들이 제대로 알아들었는가?

■ 문제점을 명확하게 밝히고, 이를 해결하기 위해 간결함을 어떻게
사용할 것인가?

✓ 경청이 곧 간결함이다

간결한 이야기를 제대로 듣는다면, 들은 것보다 더 많은 것을 이해할 수 있다. 들은 내용은 상상력을 통해 더 넓은 범위로 확장되고, 체계를 갖추어가며, 일상적인 문제와 전략에 응용된다. 경청은 명확한 메시지의 힘을 증폭시킨다. 아이디어는 이런 순간에 떠오르는 것이다.

잡담도 능력이다

단순함은 표현의 아름다움이다.
– 월트 휘트먼

잡담이 평판을 만든다

"입이 가벼우면 배가 가라앉는다"라는 속담이 모든 것을 말해준다. 전시 상황에서는 무해한 농담도 적군에게 비밀을 누설할 수 있기에 환영받지 못한다. 일도 마찬가지다.

조직 구성원들은 회의가 열리기 전 복도에서, 출근길에, 퇴근을 준비하며, 혹은 점심을 먹으러 가는 사이 무수한 잡담을 나눈다. 악의는 없지만 하루 종일 계속되는 이런 사소한 수다가 엄청난 정보를 누설하여 당신의 일자리를 빼앗을 수도 있다.

회사 내 평판을 면밀히 관리해야 한다. 당신의 한마디가 평판을 만든다는 사실도 명심하라. 언론사에서는 언제나 직원들을 이렇게 훈련시킨다. "모두 기록되고 있다."

예를 들어 나는 어느 월요일 이른 아침, 할리데이비슨 본사 로비에서 클라이언트를 기다리고 있었다. 그러던 중 출입 승인을 받으려고 기다리는 젊은 남성을 보았다. 그는 입사 첫날인 신입사원인 듯 보였다.

얼마 뒤, 카페테리아에서 요리사가 걸어 나왔다. 그는 안내 데스크로 향하더니 젊은 남성을 들여보내면서 이렇게 말했다. "오늘이 무슨 요일인지도 모르겠네. 난 아직도 일요일인 것 같은데."

그러자 신입사원이 가볍게 받아쳤다. "맞아요, 저도 그럴 때가 있습니다."

나는 궁금해졌다. "그 청년의 상사는 그에 대해 뭐라고 생각할까, 그가 보낸 주말에 대해서는?" 그 순진한 한마디가 주말 내내 술을 마셨다거나 통제 불가능할 정도로 사생활을 방치했다는 등 달갑지 않은 의미를 함축할 수도 있다.

분위기를 누그러뜨리기 위해 주말에 있었던 개인적 일화를 이야기하는 것은 좋다. 하지만 이런 친숙한 대화에 지나치게 빨리 가담하는 것은 다시 생각해봐야 할 문제다.

당신의 대화가 마냥 편안해 보이지 않도록 주의하라. 생각 없이 말을 뱉으면 상사는 당신이 모든 일에 생각이 없는 사람이라 판단할 것이다.

내가 지금 무슨 말을 한 거지?

회사에서 전도유망하기로 소문 난 프랭크는 일수가 사나운 어느 날,

너무 많은 말을 하는 바람에 일자리를 잃고 말았다.

프랭크는 미국 유수의 제조업체에서 승승장구하며 연매출 5억 달러가 넘는 사업부를 관리하고 있었다. 실적도 우수했다. 매년 사업부의 수익을 1퍼센트 오차로 예상하는 신묘한 능력이 그의 특기였다.

누가 뭐래도 유능한 관리자이자 차기 임원이었던 프랭크는 공격적이고 야망이 넘치며, 뛰어난 성과로 실적이 부진한 사업부의 손실을 만회하는 회사의 기둥이었다. 의심할 것 없이 그는 회사가 눈여겨보는 인재였다.

모든 일은 프랭크와 그의 상사가 치열한 협상을 타결하러 떠난 운명적인 출장에서 벌어지고 말았다. 불가능해 보이는 목표를 달성하리라는 기대로 이미 부담이 상당한 터였다. 프랭크와 그의 상사는 오랫동안 알고 지낸 사이였다. 사실 그가 그 자리에 오른 것도 그 상사 덕분이었다. 그런데 프랭크는 단 5분 만에 모든 경계심을 풀어버리고는 이 벅찬 도전 과제 앞에서 느끼는 개인적·전문적 불안을 가감 없이 털어놓기 시작했다.

상사는 프랭크의 이런 불평을 그가 나약하고 헌신이 부족한 사람이라는 신호로 받아들였다. 순간 상사는 의심했다. "프랭크가 지금 모든 걸 걸고 있는 게 맞나? 내가 지금, 혹은 이다음에 맡을 더 큰 프로젝트에서 이 사람을 믿어도 되는 건가?" 상사는 자신이 없어졌다.

며칠 후, 프랭크는 자신이 무슨 짓을 했는지 깨달았다. 단 몇 주 만에 상사와의 관계가 급격히 나빠졌다. 몇 달 뒤, 그는 사직서에 사인해야 했다.

그동안 그가 달성한 놀라운 실적을 생각하면 불공평하다고 할 수도 있겠다. 하지만 사람들은 쉽게 잊고 판단도 쉽게 한다.

당신이 무슨 말을 하는지가 중요하다. 입 밖으로 나온 말은 당신이 무엇을 감당할 수 있는지, 당신이 왜 그 자리에 알맞은(혹은 맞지 않는) 사람인지 등 많은 것을 시사한다.

기분이 안 좋거나 일진이 사납거나 불만이 가득 쌓였을 때에는 부정적으로 말하지 마라. 그저 아무 말도 하지 마라. 입을 열었다가는 상황만 악화시키고, 당신 자신과 능력을 깎아내리는 메시지만 전달할 위험이 커진다.

힘든 시간을 보내고 있을 때 스스로 다음의 질문을 던져보라.

① 안 좋은 소식을 알리기 전에 잠시 시간을 두고 생각해보았는가?
② 내가 사람들에게 어떤 인상을 남기는지 잘 알고 있는가?
③ 내가 하는 부정적인 말이 오해받기 쉬울 수 있다는 사실을 인식하고 있는가?
④ 격의 없는 대화를 포함한 모든 것이 기록되고 있다는 사실을 알고 있는가?

보고하듯 잡담하라

정수기 앞에서 나누는 수다 같은 잡담이 있는가 하면 각종 위원회와 선거, 컨퍼런스를 오가는 상하원 의원들에게 정보를 전달하는 압축적인 보고와 같은 잡담이 있다.

워싱턴 D. C.에서 정치는 걷고 이야기하는 와중에 재빨리 벌어진다. 케이티는 이 사실을 알고 있었다. 그녀는 국회에서 근무한 4년 동안 상원의원 55명의 일정을 관리했다.

그녀에게 잡담이란 산더미처럼 쌓인 정보를 몇 분 안에 농축해내는 일이다. 의회와 전국 곳곳을 바삐 돌아다니는 의원에게 직원들은 여러 안건을 5분 안에 압축하여 알린다. 그들은 연이은 회의 사이사이에 업무 보고를 – 때로는 다음에 부쳐질 표결이나 회의에 필요한 모든 보고를 단 몇 분 안에 – 해야 한다.

"국회 직원은 의원들이 회의나 행사를 '무사통과'할 수 있도록 배치된 인력입니다. 미리 잡힌 회의와 행사 사이사이에 본회의 표결이 끊임없이 끼어들기 때문에 의원들의 일정은 유동적입니다. 쉴 새 없이 변하죠."

정신없이 바쁜 와중에 의원들에게 제대로 보고하기 위해 직원들은 짧은 이메일을 쓰기 시작했다. 또한 즉석 보고에 대비하여 구두 보고와 함께 의원에게 건넬 한 쪽짜리 문서를 들고 다닌다.

"회의에 참석하러 걸어가는 길이 보고할 수 있는 처음이자 마지막 기회일 때가 많습니다. 본회의 표결 때 국회의사당 안을 오가는 시간을 잘 활용해야 합니다. 즉석에서 보고할 준비를 반드시 해야 하죠."

듣기만 해도 스트레스가 쌓인다. 직원들은 냉정을 유지해야 한다. 긴장했다가 보고 도중 횡설수설하거나 핵심을 놓치면 그 의원은 준비가 덜 되어 당황하고 화가 난 상태로 다음 표결에 참여할 수밖에 없다.

케이티가 설명했듯, 자신감 있고 분명하게 보고하기 위해서는 간결하게 준비해야 한다. "5분에서 10분 안에 끝낼 수 있도록 간단명료해야 합니다. 의원 사무실의 엘리베이터에서나 국회의사당으로 향하는 전철에서, 또는 지하철에서 내려 걸어갈 때 등 보고 시간은 언제가 될지 모릅니다."

시간제한만이 아니다. 직원들은 엄청난 감시하에, 때로는 당직자 회의 도중 다른 의원들이 있는 자리에서 정확한 보고를 전달해야 한다.

"어디든 들어가 보고하는 데 익숙해지기가 상당히 힘들었습니다. 당직자 회의 도중에 그 거대한 탁자 앞에 앉아 있는 의원에게 걸어가야 할 때도 있습니다. 40명이 넘는 의원들이 보는 가운데서 보고할 내용을 속삭여야 했죠. 정말 불편했습니다."

하지만 케이티는 그런 불편함 때문에 보고 내용이 궤도를 이탈하지 않도록 늘 주의했다. 의원이 됐든 부서장이 됐든 보고를 듣는 사람은 당신이 변함없고 믿음직하며 가치 있는 정보를 신속히 전하는 사람이라 믿기 때문이다.

케이티는 보고 방식도 각 의원의 전문분야에 맞춰야 한다고 설명한다.

"보고하면서 세세한 것까지 파헤칠 필요는 없습니다. 그들은 전문가입니다. 시간이 없을 뿐이죠. 대부분 ADD 증상을 보입니다. 그곳에서는 다들 그렇게 일하니까요."

케이티는 상대의 눈에 너무 뻔해 보이는 핵심을 알리는 것은 시간 낭비라는 사실을 잘 알고 있다. 유동적이고 스트레스가 많은 상황에서는 그저 말을 아끼고 가장 중요한 최신 정보만 짚어주면 된다.

또 케이티는 상대가 이미 아는 것과 모르는 것을 파악하려면 듣는 자세가 중요하다고 강조한다. "그들이 어떤 정보를 처리할 수 있는지는 물론이고 무엇을 원하고 무엇을 필요로 하는지도 헤아려야 합니다. 그들의 머릿속에는 이미 무수한 생각이 떠다니기 때문에 더 많은 짐만 얹어주는 말은 삼가야 합니다.

워낙 정신 없고 스트레스를 많이 받는 사람들이다 보니 말 그대로 육하원칙의 큰 줄기만 상기시켜주면 됩니다."

케이티의 팀은 '손바닥 카드'라 부르는 메시지 카드를 갖고 다닌다. 공화당 의원들은 모두 이런 카드를 하나씩 가지고 있는데, 거기에는 한 가지 메시지와 그에 대한 3가지 쟁점이 적혀 있다. 의원들은 한 주의 목표가 적힌 그 카드를 양복 주머니에 슬쩍 넣어놓기만 하면 된다.

"한 가지 핵심만을 전달해야 합니다. 이것은 내부적으로나 외부적으로 가장 중요하고, 설득력 있는 사안을 이해하느냐 마느냐의 문제입니다."

당신 역시 상대에게 건넬 메시지를 그들의 손바닥에 들어갈 만한 크기로 잘라낼 수 있다. "하고 있는 일에 관심이 많으면 광범위하면서도 세세하게 준비하고 싶어질지도 모릅니다. 하지만 그럴 때일수록 한 발짝 물러나 객관적으로 바라봐야 합니다. 하고 있는 일에 지나치게 사로잡히지 않도록 말이죠. 당신이 얼마나 똑똑해 보일지 고민하기보다는 상대방을 먼저 생각해야 합니다."

한마디로, 격식 없고 유동적인 상황에서는 되도록 적은 단어를 사용하여 의미 있는 메시지를 전달하라.

■ 회의 사이에 남는 시간이나 극한의 스트레스가 몰아치는 환경 등 유동적이거나 격식 없는 상황에서는 냉정을 잃기 쉽다. 그럴 때일수록 침착하게 대응 태세를 갖춰라.

■ 잡담을 나눌 때에는 잠시 멈춰서 하고자 하는 말을 다시 검토하고, 스스로 무슨 말을 하는지 더욱더 의식하라. 상사가 당신의 말을 우연히 듣는 것을 원치 않는다면 아예 말을 하지 않는 것 또한 유효한 전략이다.

■ 준비와 연습을 통해 간결하게 말할 수 있는 자신감을 키워라.

✔ 온통 당신의 목소리만 들린다면 너무 많이 말한 것이다

나는 워크숍 참석자들에게 누군가와 짧은 대화를 나눌 때 적극적 경청을 해보라고 권했다. 다음 날, 한 수강생이 아내와 통화하다가 전화가 끊겼던 이야기를 했다. 다시 전화를 걸었을 때, 그는 전화가 끊겼을 당시 아내가 무슨 이야기를 했는지 정확히 알고 있었다. 바로 적극적 경청을 했기 때문이다. 당신은 대화가 끊겼다는 사실을 알아차리지 못한 채 혼자 계속 이야기한 적이 몇 번이나 되는가?

면접 볼 때 당신의 무기는?

핵심을 이야기하고, 핵심을 짚었으면 멈춰라.
－ F. V. 아이리시

불안하게 횡설수설할 때가 아니다

경험이 많고 기량이 뛰어난 전문가도 면접을 볼 때면 초조해지면서 남의 시선을 의식하게 마련이다.

면접에서는 간결함이 중요하다. 좋은 질문을 건네고 답변을 듣는 데 도움이 될 뿐만 아니라 경쟁자들 틈에서 돋보일 수 있게 만들어준다.

사람들은 초조해지면 말을 많이 한다. 면접관 역할을 맡아본 적이 있다면 사람들이 자기 이야기를 할 때 횡설수설하는 광경 역시 보았을 것이다. 그들은 되도록 많은 정보를 알리고 싶어 한다.

그러나 면접은 상황을 명료하게 인지하고, 절제해야 하는 자리다. 마구 쏟아내지 마라. 처음 5분 안에 긍정적인 인상을 남겨라. 순간에 집중하고 대화에 적극 참여하라.

당신은 서류상으로는 최적의 지원자였을지 모른다. 하지만 직접 만나는 자리에서 조심하지 않으면 그간 공들인 모든 것이 물거품이 될 수 있다.

간결함은 당신의 무기다. 이력서에서부터 써먹어야 한다. 그러니 다듬어라. 성공 이력을 강조해 넣고, 전체 경력과 학력을 쓰는 데 5쪽씩 할애하지 마라. 자기소개서에는 유려하고 핵심을 찌르는 문장을 통해 당신이 왜 그 회사에 적합한 인재인지 보여주는 한 가지 결정적 인상을 남겨라.

좋은 면접 또한 간결함의 원칙에 따라 결정된다. 말은 짧게 하고 핵심을 짚어라. 당신이 누구인지, 어디에서 왔는지, 당신이 왜 성공했는지에 대해 미래의 고용주가 쉽게 이해할 수 있게 하라. 자신의 삶이나 성격 등에 대해서는 짧게 말하고 끝내라. 그러면 사람들은 이력서에서 받은 인상이 실제와 다르지 않다고 느낄 것이다.

또 당신은 자신을 '판매'하는 것처럼 들리지 않도록 상대와 마주 보고 앉아 편안하게 대화할 수도 있다.

시간을 들여 면접을 준비했다면, 또 면접관의 말을 유심히 들으면서 고용주에게 무엇이 중요한지를 파악했다면 면접 중에 잠시 멈춰 좋은 질문을 던질 줄도 알 것이다.

면접관도 간결하게 말해야 한다. 적게 말하고 더 좋은 질문을 던지고 더 주의 깊게 듣는다면 그들도 면접 대상자를 더 잘 판단할 수 있을 것이다. 이번 장에서는 꿈에 그리던 직업을 얻거나 어떤 자리에 알맞은 사람을 뽑을 수 있도록 간결함을 더욱 의식해야 하는 순간에 대해 살펴볼 것이다.

입 다물 순간을 알아야 한다

앞서 말했듯이 간결함은 직장에서, 특히 그곳에 첫발을 들여놓고자 할 때 아주 큰 역할을 한다. 면접을 보는 동안 면접관은 물론 면접 당사자도 간결함과 관련해 흔히 저지르는 실수가 있다.

나의 절친한 친구 더그 하인더러는 미 공인중개사협회NAR: National Association of Realtors 인사담당자다. 그는 부동산 중개업 종사자 수백만 명에게 공인중개사 자격을 부여하고, NAR 회원으로 승인하는 주요 책임자로 20년을 보냈다.

그동안 더그는 별의별 일을 다 겪었다.

"면접에서 지원자들이 가장 흔히 저지르는 실수는 말을 너무 많이 하는 거야. 훈련이 잘되어 있고 능숙한 면접관은 침묵을 잘 사용할 줄 알지. 면접관이 질문을 쏘아대지 않으면 지원자들은 아주 불안해지나 봐. 대개 어떻게든 대꾸할 여지를 찾아 끊임없이 말하고 말하고 또 말하는 엄청난 실수를 저지른단 말이야."

더그는 절제할 줄 모르는 면접자가 어리석은 말을 하거나 너무 많은 정보를 드러내는 것은 시간문제라고 말했다.

"면접을 잘 보는 법에 대해 얘기할 때 나는 면접을 테니스 시합처럼 생각하라고 말해. 면접관이 질문을 던지지. 그럼 대답해. 대답이 끝나면 다음 질문을 기다리는 거야."

면접에서 간결하게 말하는 사람은 자신이 절제된 대화를 할 줄 아는 사람이며 단체 활동에 능한 사람임을 증명해 보일 수 있다.

일자리를 제 발로 걷어차다

안타깝지만 사실이다. 뛰어난 지원자들도 완벽한 일자리를 제 발로 걷어찰 때가 있다.

나의 친한 친구이자 노스캐롤라이나 주 포트브래그에 있는 합동특수전사령부의 뛰어난 장교인 톰 에른하르트는 공석을 채우기 위해 지원자들의 면접을 본 적이 있었다.

그중에는 에른하르트의 전 상관이 강력히 추천한 여성도 있었다. 그녀는 부대 내에서 영향력 있는 여러 인물의 지지를 받고 있었다. 심사 결과도 완벽했다. 일련의 심리 검사와 철저한 신원 조회, 체력 검사 모두 성적이 아주 좋았다. 필수 조건도 빠짐없이 갖추었다. 모든 지원자가 그녀에게 밀렸다. 그녀는 이제 면접만 통과하면 합격이었다.

"공정성을 기하기 위해 여성 지원자 1명과 남성 지원자 1명을 면접 보기로 했어. 사실 면접을 시작하기 전부터 그 여성을 뽑겠다고 생각하고 있었지."

드디어 여성 지원자가 들어와 자리에 앉았다. "시작하자마자 대답도 수월히 잘해나가더군."

그러던 중 누군가가 그녀에게 물었다. "이 일은 왜 하고 싶은가?"

그녀가 대답했다. "이 자리는 제가 리더로 성장하기 위한 좋은 발판

이 될 것이라 생각했습니다."

그녀의 대답에 에른하르트는 할 말을 잃었다.

"그 말에 다들 한 발 물러섰지. 어떤 자리에 지원하는 이유는 모두 그 자리에 있고 싶어서, 그 팀의 일원이 되고 싶어서가 아니겠나."

그녀의 대답 때문에 또 다른 질문이 이어졌다. 그 자리에 지원한 이유를 세세하게 물을수록 그녀는 자신이 장차 오르고 싶은 위치에 대한 집착을 점점 더 많이 드러냈다.

"나선 효과였지. 그녀는 자기 자신과 야망에 대해 설명하기 시작했어. 자신이 몇 년 안에 대대장이 되리라 기대하고 있었으니 이 자리에는 2년 정도만 있겠다는 소리 아닌가.

희한하게도 그녀 자신은 상황을 전혀 파악하지 못하고 있었어. 자신의 대답이 더 많은 질문을 낳았으니 면접관들이 자기 이야기를 마음에 들어 한다고 생각했나 봐."

그 뒤 면접관들은 그녀에게 이라크와 아프가니스탄에 파병된 일을 물었다.

"우리 같은 조직에서 지원자에게 바라는 마지막 한 가지가 있는데, 그건 밑바닥부터 차근차근 모든 일을 할 줄 아느냐는 거지. 그런데 그녀는 한결같이 현장직이 아닌 관리직만 맡았더군. 현장에서 기술을 갈고 닦아야 하는 자리에 그녀를 배치하고 싶은 사람은 아무도 없다는 사실을 알게 되었지."

자제할 줄 모르는 면접자가 대화를 그른 길로 이끌어간 전형적인 사례였다.

"그녀는 자신에게 흥미를 보이고 있다고 우리 의중을 완전히 잘못

읽었어. 아마 그 상황에서는 입을 닫는 게 가장 좋았을 거야. 솔직히 공석은 그녀의 것이나 다름없었거든. 그녀가 해야 할 일이라고는 들어와서 *수류탄을 떨어뜨리지 않는 것뿐*이었는데 말이지."

결국 면접관들은 그녀를 대기실로 돌려보냈다. "면접이 하나 더 남았으니 결과는 차후에 알려주겠습니다."

남은 남자 지원자는 겉보기에 에른하르트의 부대에 지원할 만한 사람 같지 않았다. 그러나 그는 조직이나 핵심 임무에 대해서 앞선 지원자보다 잘 이해하고 있었다. 그의 대답이 그 모든 사실을 드러내주었다.

"전세가 급격히 역전되는 광경을 볼 수 있었지. 이런 일은 처음이었어. 강력한 추천을 받은 인재가 기대를 완전히 뒤집어엎고, 그리 매력적이지 않았던 지원자가 마음을 사로잡은 거야."

그들은 두 번째 지원자를 선택했고, 그는 현재 참모 본부장이 되어 있다.

누구나 첫 번째 면접자의 실수에서 교훈을 얻을 수 있을 것이다.

"말할 때에는 듣는 사람을 파악해야 해. 그때의 여성 지원자는 맞은편에 앉은 면접관들의 전문성과 지식 수준을 알지 못했지. 자신이 맡을 책무가 무엇인지도 제대로 몰랐고. 청중을 이해하지 못하니 말만 한없이 길어졌지."

면접은 독백이 아니라 대화다. 서로 말을 주고받아야 한다.

한마디로, 면접은 초조한 독백이 아니라 절제된 대화를 나누는 순간이다. 지원자든 면접관이든, 간결한 대화를 이어간다면 당신은 자제력을 갖춘 전문적인 팀 플레이어로 보일 것이다. 면접을 준비할 때 고려해야 할 사항 몇 가지를 알아보자.

1. 지원자라면

- 준비하라. 당신이 왜 그 자리에 적합한지 재빨리 설명할 수 있는 브리프맵을 작성하라.
- 이야기하라. 몇 가지 성공담을 면접관들에게 알려라.
- 대화를 이어나가라. 주의 깊게 듣고 좋은 질문을 던지면서 대화의 균형을 맞춰라.

2. 면접관이라면

- 주의 깊게 들어라. 지원자의 숨어 있는 600단어가 어떻게 새어나오는지, 그가 자신에 대해 긍정적으로든 부정적으로든 무엇을 말하고 있는지 파악하라.
- 더 나은 질문을 끼워 넣어라. 핵심 질문을 면접 중간에 끼워 넣어 막판에 서두르는 일 없이 편안하게 대화하라.
- 설득하지 마라. 지원자가 아무리 훌륭해 보여도 조직에 들어왔을 때 얻을 수 있는 이익을 과장하지 마라.

✔ 면접에 성공하는 비결

대학 졸업생들에게 구직은 끝나지 않는 문제다. 인재관리 전문가 도러시 돌턴Dorothy Dalton은 간결함이 면접에 성공하는 비결이라고 말한다. "말이 간결하다는 것은 면접이 대화를 만들어나가는 자리임을 잘 이해했다는 뜻입니다. 간결하게 말할수록 초조함을 이겨내고 전략적으로 사고하고 행동하기가 수월해집니다. 상대방의 말에 적절하게 대응하기도 쉽죠."

좋은 소식을 전할 때

처음에 의사는 좋은 소식을 알려줬다.
내 이름을 딴 병에 걸렸다고.
– 스티브 마틴

탁월한 성과에 윤기를 더하라

간결함을 이야기하는 책에 좋은 소식을 알리는 것에 대한 장이 있다
니 놀라울지도 모르겠다. 분명 간결함은 안 좋은 소식을 전할 때 쓰인
다. 그런데 왜 좋은 소식을 알릴 때에도 간결해야 하는 것일까?

사람은 누구나 긍정적인 이야기를 듣고 싶어 한다. 그러나 우리가
할 일은 과장이 아니라 정확한 *이해*와 *헤드라인*을 활용한 강조다.

성공담이나 업적을 발표하는 순간에는 당신과 당신의 기업 모두 긍
정적으로 보여야 한다. 이런 순간에는 특히 자제할 줄 알아야 한다. 세
부사항을 선별해서 전해야 허풍을 떠다거나 지나치게 오만하다는 인
상을 남기지 않는다. 이제 명확함과 겸손을 실천해야 할 때다.

신제품 출시야말로 좋은 소식이다. 새 상품을 소개할 때에는 무엇보다 분명히 전달하도록 신경 써라.

브루스 스미스는 세계적인 가구 회사 스틸케이스Steelcase의 수석 디자이너다. 이 회사에서 27년을 보낸 그는 좋은 아이디어라고 해서 누구나 당연히 이해할 수 있는 건 아니라는 사실을 안다. 또 새로 준비하는 의자 모델인 제스처Gesture처럼 기술적으로 뛰어난 최고급 제품을 기획할 때에는 디자인뿐 아니라 전체적인 청사진과 계획을 빠르고 분명하게 공유해야 한다.

그러나 우아하면서도 편안한 의자 제작에 대해 온갖 연구와 테스트를 거친 뒤에도 스미스와 그의 팀은 또 다른 문제를 맞이했다. 살펴볼 연구 자료만 해도 감당하기 벅찰 정도로 많았다. 무수한 데이터와 제품의 구성 요소에서 한 가지 개념, 즉 핵심 메시지를 도출해내는 것이 중요했다.

"디자인 콘셉트를 설명해줄 단 한마디, 아주 간단한 핵심 아이디어 하나에 초점을 맞추고자 했습니다. 그런데 생각을 정제하는 과정에서 우리가 이루고자 하는 것이 무엇인지 잘 잡히지 않았습니다. 디자인이 완성될 때까지도 의견을 한데 모으기가 힘들었습니다."

그의 팀은 사무직 근로자의 '자세'가 새로운 의자와 그 의자가 가져올 변화의 핵심이라고 결론 내렸다. 그리고 이를 간결하게 표현하기 위해 근무 중인 사람들의 수천 가지 사진을 구분하고 분류하기 시작했다. 이는 책상 앞에 앉아 있는 사람들의 30가지 자세를 "모두 합쳐 1쪽으로 압축하는 분류학"이 되었다. "중요한 변화들을 일일이 꼽으며 이야기를 장황하게 늘어놓을 수도 있었겠죠."

그들은 30가지 자세를 단순한 그림으로 표현하고, 이를 도표 하나에 깔끔하게 정리했다. 좋은 아이디어를 메시지가 분명한 이미지로 옮겨 놓은 것이다.

"저희가 해야 할 말은 이것뿐이었습니다. '(우리의 의자가) 사무실의 새로운 인류와 함께합니다. 우리의 기술이 사람의 몸과 움직임을 바꿉니다. 여기 30가지 자세를 표현한 도표가 그 결과입니다.' 그러자 바로 반응이 왔습니다. 정말 최고였죠."

스미스는 스틸케이스의 디자인 지침이 논문 스타일에서 만화책 스타일로 바뀌었다고 말했다. "저희는 복잡해 보이는 것을 단순하면서도 구체적으로 만들기 위해 단어와 이야기, 만화를 사용하고 있습니다."

신상품을 간결하게 설명했다는 것은 스틸케이스가 새로운 상품의 출시를 커다란 뉴스로 만들기 위해 온갖 노력을 다했다는 뜻이다. 덕분에 타깃 소비자들은 그 메시지를 바로 이해할 수 있었다. 스틸케이스는 새로운 아이디어를 언제나 철저히 연구하고 기록했다. 때문에 이제는 아이디어를 간단히 전하는 것 이상의 기술과 식견을 갖추었다.

복잡하고 추상적인 아이디어를 구체적으로 만질 수 있는 무언가로 만드는 것은 아주 중요하다. 스미스는 메시지를 알기 쉽게 전달하는 것은 까다로운 일이라고 말했다. 사람들이 한 줄로 늘어서서 옆 사람의 귀에 한 구절을 속삭이면 그 말이 끝에 가서는 우습게도 완전히 다른 말이 되어버리는 '전화 게임' 같을 수 있다는 이야기다.

"메시지를 아무리 간단하고 분명하게 만들어도 언제든 왜곡될 가능성은 있습니다. 더군다나 간결하지도 단순하지도 않고, 이해하기 힘들 때에는 그럴 가능성이 훨씬 더 커지겠죠."

당신의 아이디어를 분명히 전달하여, 그것이 곡해돼 길을 잃는 일이 없도록 하라. 만일 실패했다면 "목적을 분명히 이해하지 못했기 때문일 가능성이 높습니다. 게다가 아이디어가 제대로 전달되지 않아서 손쓸 수 없을 정도로 엉망이 됐을 수도 있죠. 하지만 치열하게 고민하고, 최대한 절제한다면 언제든 메시지를 명확하게 전달할 수 있습니다."

성공의 언어로 말하라

데이비드 미어맨 스콧David Meerman Scott은 허브스폿HubSpot과 그랩캐드GrabCAD 같은 IT 회사의 국제 마케팅 전략가다. 혁명적인 베스트셀러, 《온라인에서 팔아라The New Rules of Marketing & PR》의 저자이기도 한 그는 기업이 성공담을 공유하는 방법을 재정의했다.

"마케팅과 홍보의 새로운 규칙은 웹상에 방대한 콘텐츠를 만들어 관심을 끄는 것이다. 콘텐츠를 전달할 최선의 방법을 골라내야 한다. 그 방법은 아주 간략한 것일 수도, 아니면 장문의 글이 될 수도 있다."

안타깝게도 대다수 기업의 성공담은 전달 과정에서 곡해되기 일쑤다. 혼란스럽고 이해 불가능한 언어를 사용하기 때문이다.

"다들 쓰는 말을 아무 생각 없이 따라 쓰는 경향이 있다. '혁신적'이라거나 '최첨단' 같은 무의미한 단어들을 사용하는 것이다."

창의적인 콘텐츠를 만드는 것도 중요하지만 핵심에서 너무 멀어지지 않도록 조심해야 한다고 그는 경고한다. 비유도 아이디어를 단순화할 수 있는 한 가지 방법이다. 물론 그 비유가 핵심 메시지를 정확히 반영하고 있어야 한다. 그렇지 않으면 "비유가 사람들에게 혼란만 일으켜서 메시지가 아예 전달되지 않을 수도 있다."

널리 퍼져나가지 않는 홍보 및 마케팅 자료는 효과가 없다. 이는 기업들이 제대로 된 조사를 하지 않아서 그렇다. 시장조사를 하지 않는다면 존재하지도 않는 표적을 향해 화살을 쏘게 될 것이다.

"기업은 시장(이나) 잠재 고객을 제대로 이해하지 못한다. (따라서) 제품에 기반을 둔 정보를 이해할 수 없는 외계어로 포장하여 마치 중요한 듯 들리게 한다."

스콧은 허브스폿의 언어를 타깃 소비자에게 직접 전달하는 데 목표를 두었다. 그래서 낯선 용어나 표현 속에 메시지가 파묻히지 않도록 한 것이다.

"허브스폿은 타깃 고객의 언어를 사용하여 소통한다. 독자를 이해하는 언론의 방식을 따르는 것이다. 일부 조직은 불필요하고, 어색하게 과장된 단어를 사용하여 일을 그르치기도 한다. 하지만 허브스폿처럼 일을 제대로 하는 기업에서는 모든 마케팅 관계자가 꾸준히 시장에 나가본다. 전화든 인터넷이든 소셜 네트워크든 사람들과 소통하고 그들을 이해한다. 따라서 시장이 쓰는 언어를 추측할 필요가 없다. 그들 기업은 인간처럼 소통한다. 사람들은 대화할 때 그렇게 튀거나 과장된 단어를 쓰지 않는다."

"고맙습니다"라고 말하는 습관을 들여라

간결함은 고마움을 표현할 때에도 중요하다. 누군가에게 감사를 표하고 그들의 성공과 성취를 강조할 때에는 그들에게 스포트라이트를 비춰주어라. 짧지만 달콤한 감사 인사를 충분히 즐길 수 있게 하라. 고마움은 나 자신이 아닌 상대를 향한 것이다.

펜과 카드를 꺼내 누군가에게 감사 카드를 쓰는 오랜 관습은 잊힌 지 오래다. 하지만 카드는 진심을 전달하는 아주 좋은 방법이다. 사무치는 고마움을 몇 자 옮기는 것만으로도 마음속 깊은 말을 전할 수 있다. 개인적이면서도 진심이 담긴 짧은 카드를 싫어하는 사람은 없다.

좋은 소식을 전하고, 상대방에게 감사할 수 있는 순간을 찾아라. 이 것이 성공한 기업인들의 전형적인 특징이다. 혼자 힘으로 성공하는 사람은 없다. 어떤 기업인은 뛰어난 사람이나 누구보다 성공한 사람들을 만나면 언제나 시간을 들여 상대를 크게 칭찬한다고 말했다.

한마디로, 좋은 소식을 간결하게 알리면 성공을 강조할 수 있다. 그리고 사람들은 그보다 더 많은 이야기를 듣고 싶어 하게 된다.

√ 말을 빨리 끝내 상대가 더욱 원하게 하라

P. T 바넘P. T. Barnum과 월트 디즈니Walt Disney는 "항상 상대가 더 많은 것을 원하게 하라"라는 유명한 말을 자주 했다. 그들의 지혜는 엔터테인먼트 사업뿐 아니라 다른 분야에서도 유효하다. 당신이 나누는 대화를 연극이라 생각하라. 기업인을 위한 커뮤니케이션 코치인 제프 벅슨Jeff Berkson은 이렇게 말했다. "모든 사업은 일종의 연기다. 지나치게 과장하지 마라."

나쁜 소식을 전할 때

나쁜 소식은 훈련 교관들을 더욱 자극했다.
― R. 리 어미

쓴 약을 꿀꺽 삼키게 하는 방법

나쁜 소식을 전하기가 힘들더라도 질질 끌어서 상대를 더 힘들게 만들지 마라.

상사에게 프로젝트가 늦어지겠다고 말하든, 배우자에게 수표가 부도 처리되었다고 말하든, 중요한 고객에게 부정적인 피드백을 전해야 하든, 아니면 불행히도 누군가를 해고하는 책임을 자신이 맡았든, 나쁜 소식을 전하고 싶은 사람은 없다. 이런 순간이 닥치면 시간을 내 준비해라. 문제의 핵심에 빨리 도달해야 상대도 쓴 약을 삼키기가 더 수월해진다.

기억하라, 희망의 빛 한 줄기는 언제나 있다. 상황이 아무리 끔찍해 보여도 삶은 결코 거기서 끝나지 않는다. 하지만 말을 장황하게 늘어놓으면 고통은 더 참기 힘들어진다.

신입사원 때 나는 중요한 고객과의 계약을 마무리 짓는 과정에서 중대한 차질이 생겨 좌절했던 적이 있다. 마지막 순간에 고객이 자신은 승인한 기억이 없다며 계약을 취소한 것이다. 나는 말 그대로 공황 상태에 빠졌다. 누가 뭐래도 나쁜 소식이었다. 나는 상사에게 전화해 이 중대한 실책을 알렸다.

상사가 고객의 사무실로 찾아와 상황을 바로잡고 문제를 정리했다. 그러고는 나를 멈춰 세우고 이렇게 말했다. "이봐 신참, 기죽지 마."

그의 격려에서 내가 새겨들은 뜻은 '너도 문제를 처리할 수 있다, 긍정적인 면을 찾아 거기서 이득을 얻을 수도 있다'는 것이었다.

이번 장에서는 나쁜 소식을 가장 전문적이고 공손하게, 인간적으로 전달하는 방법, 그래서 그런 소식 때문에 배가 전복되지 않게 하는 방법을 살펴볼 것이다.

단도직입적으로 말하라

챌린저, 그레이 앤 크리스마스Challenger, Gray and Christmas의 CEO인 존 챌린저는 업무 환경과 노동 및 고용 분야에서 인정받는 리더다. 그의 회사는 정리해고 명단에 포함된 임원들과 상담하는 일도 맡고 있다. 챌린저 역시 이런 이야기는 감당하기 어렵다고 한다.

누군가에게 해고를 통보하는 가장 좋은 방법은 그 사람에게 사실대로 솔직히 이야기하고 그 자리에서 나오는 것이다. 당사자가 받아들일 시간을 주는 것이다.

"이런 소식을 들으면 피가 거꾸로 솟으면서 아무 생각도 할 수가 없습니다. 아주 끔찍한 일이죠. 그러니 통보는 간결해야 합니다. 5분에서 10분 사이에 끝내야 해요."

해고 통보를 할 때 챌린저는 아랫사람을 대하는 듯한 태도를 버리고, 솔직하고 긍정적으로 말하는 것이 중요하다고 말한다.

"그 순간에 집중하기란 어려운 일입니다. 침착하게 상대방의 말을 듣고, 반응을 살피며 대화의 흐름을 따라가기가 버겁죠. 이런 상황 자체가 상당한 스트레스입니다. 전날 밤에 잠을 설치거나 셔츠가 땀으로 다 젖는 사람들도 있습니다."

그들에게 닥친 나쁜 소식을 위로해주고픈 마음에 설명을 과도하게 늘어놓지는 마라.

"그 자리에서는 정보를 전달하는 데에만 초점을 맞춰야 합니다. 상사는 그에게 위안을 줄 수 있는 사람이 아닙니다. 해고 결정을 내린 당사자이기 때문이죠. 그저 인간적으로, 친절하게 소식을 전달하는 데그쳐야 하는데 분위기에 휩쓸린 나머지 그 사람의 친구가 되어주려고 하기가 쉽습니다."

당신이 내린 결정에 대해 아무리 변명을 하려 해도 그 사람의 귀에는 자신이 그 자리에 어울리지 않는 사람이라는 소리로만 들릴 뿐이다.

"언쟁을 원하는 사람은 없습니다. 같은 얘기를 계속 반복하거나 상대를 질책할 자리는 아니니까요. 그 자리에서는 몇 가지 조언과 강력하고 짧은 메시지(당신은 어쨌든 살아갈 겁니다)를 전해야 합니다.

한번은 제가 사무실에 앉아 있는데 갑자기 두 사람의 언성이 높아지더니 서로 고래고래 고함지르며 맹렬히 싸우는 소리가 들렸습니다. 그 둘은 결국 문 밖으로 나갔죠. 아주 불안해 보였습니다."

단도직입적으로 말하라. 안 좋은 소식을 친절하고 인간적으로, 그러면서도 단호하게 전하라. 상세한 이야기도 필요하겠지만 대화를 지나치게 길게 늘여서 스트레스만 쌓이는 불필요한 논쟁을 만들 필요는 없다.

누군가를 해고해야 하는 안타까운 임무를 맡았다면 다음 3가지를 고려하라.

① 장황한 표현은 피한다.
② 짧게 말한다. 상대가 안 좋은 소식을 듣고 이를 받아들일 시간이 필요하다는 사실을 인지한다. 상대를 그 자리에서 이해시키려 하지 않는다.
③ 언제나 문은 닫아 놓는다. 당사자가 그 순간을 인식하고 다시 마음을 다잡는 데 힘을 쏟을 수 있도록 돕는다.

S#&$샌드위치
: 미사여구 사이에 나쁜 소식을 끼워 넣지 마라

앤절로는 일을 만들어서라도 하는 과잉성취자다. 시카고에서 착실히 성장해가는 IT 회사, 제브러 테크롤로지Zebra Technologies의 주목받는 인재인 그는 언제나 승진할 기회를 노렸다.

영업부장 자리가 났을 때 그는 물론 지원할 준비가 되어 있었다. 하지만 면접에서 들은 뜻밖의 소식에는 전혀 대비하지 못했다.

"정말 탐나는 자리였습니다. 아주 좋은 기회였고 저야말로 적임자라 생각했습니다."

면접은 영업부 상무가 맡았다. 상무가 앤절로를 자신의 사무실로 불러 긴장하지 말고 편하게 앉으라고 말했다. 그다음에 벌어진 일이 앤절로의 기대를 꺾어놓았다.

상무가 말했다. "자네 이 면접 때문에 긴장한 것 같군."

"좀 그렇습니다."

"흠, 그럼 내가 긴장을 풀어주지. 영업부장 자리는 자네 것이 아니네."

앤절로는 충격을 받았다. 그가 뭐라 대답하기도 전에 상무가 말했다. "이제는 잃을 게 없으니 조금 편안해졌기를 바라네."

"그런 것 같군요." 앤절로는 다음에 어떤 말이 나올지 예상조차 할 수 없었다.

"우리는 이제 이번 기회에 자네를 이 자리의 적임자로 준비시키려고 하네. 지금 자네는 관리 경험이 전혀 없고 공식적으로 회사를 이끌어본 적도 없는 데다 자네에게 그런 능력이 있음을 증명해 보인 적도 없네. 이제 내가 그에 대한 계획을 세울 수 있도록 도와주겠네."

대화는 1시간 정도 이어졌다.

"상무께서 제게 S#&$샌드위치를 건네지 않아서 좋았습니다. 단도직입적으로 말씀해주셨죠."

'S#&$샌드위치'는 사람들이 안 좋은 소식이나 가혹한 피드백을 건넬 때 자주 쓰인다. 무의미하거나 진심이 전혀 담기지 않은 미사여구

사이에 안 좋은 소식을 끼워 넣는 것이다, 이런 식으로.

"당신은 아주 강한 사람입니다. 모든 사람이 당신의 직업윤리와 태도를 좋아하죠, 어쩌고저쩌고. 하지만 당신은 지금 맡고 있는 프로젝트에 대해 전혀 감을 잡지 못하고 있습니다. 당신이 전도유망한 인재임을 우리도 잘 압니다. 회사에 헌신한 것도 높이 사고 있죠."

〈하버드 비즈니스 리뷰〉 블로그에 '샌드위치 전략'을 비판한 로저 슈워츠Roger Schwarz는 임원들이 상대방은 물론 자기 자신을 위해 투명한 전략을 취해야 한다고 주장했다. 부정적인 소식을 솔직하게 전해야 진심이 전달되고 양쪽의 불안도 줄어든다.

사람들은 주로 '좋은 소식-나쁜 소식-좋은 소식'을 세트로 듣는다. 문제는 이런 접근법에 혼란과 오해의 소지가 있다는 점이다. 사람들이 핵심을 제대로 이해하지 못해 부당하다고 느낄 수 있는 데다 비효율적이다.

한 회사의 부서장 전부가 이런 샌드위치를 건넨다고 상상해보라. 직원들은 자신이 처한 상황과 이를 개선하기 위해 무엇을 어떻게 해야 하는지 파악할 수 없어 우왕좌왕할 것이다.

나쁜 소식을 전하거나 반대 의사를 표할 때에는 단도직입적으로 말하라. 그래야 당신은 물론 상대방도 명확하게 알아들을 수 있다. 그리고 다음의 3가지 요소를 신중하게 고려하라.

① 핵심 안 좋은 소식을 조심스레 에두르지 않고 간단하고 분명하게 말했는가?
② 이해 이런 일이 벌어진 실질적인 이유를 얘기했고 상대도 알아들

었는가?

③ 투명성 어려운 이야기를 하는 김에 모든 것을 사실대로 숨김없이 털어놓았는가?

이는 진실성의 문제다. 간결하게 말하는 것이 솔직할 수 있는 가장 안전하고 확실한 방법이다.

게다가 이런 단도직입적인 대화가 긍정적인 변화를 일으킬 수도 있다. 몇 달 뒤, 앤절로는 영업부장직에 올랐다. 그때야말로 그가 준비를 마친 시점이었다. 그리고 3년 뒤에는 올해의 매니저가 되었다.

한마디로, 나쁜 소식을 간결하게 전한다면 그 순간의 고통을 최소화하고, 이후의 상황을 긍정적으로 이끌어갈 수도 있다.

✓ 한 박자 쉬어갈 때를 알라

아이디어를 나눌 때에는 사람들이 충분히 이해할 시간을 주어라. 복잡하거나 방대한 양의 정보를 섭취한 뒤에는 소화할 시간이 필요하다. 한 박자 쉬어갈 때를 아는 것이 아이디어를 잘 설명하는 것만큼이나 중요하다. 전송 버튼만 쉼 없이 누르면 과부하에 걸린 두뇌는 작동을 멈추고, 모든 것이 허사로 돌아갈 것이다.

틈새시간 업무보고

나는 마감을 좋아한다. 사람들이 날아다니면서 내는 쉭쉭 소리가 좋다.
– 더글러스 애덤스

말과 행동의 비율

누군가가 당신에게 "일은 어떻게 되어가나?"라고 물으면 짧고 솔직하게 말하라. 외근 후 사무실에 들렀을 때, 복도에서 상사를 마주쳤을 때나 그에게 이메일을 쓰고, 전화를 걸 때 우리는 상사에게 새로운 소식을 전하고 업무의 진행 상황을 보고한다. 그리고 이런 순간에야말로 명확한 그림을 그리는 것이 중요하다.

몇 년 전, 나는 PR 에이전시에서 큰 팀을 이끌고 있었다. 각 팀원은 담당 고객사의 보도자료를 작성하고, 이를 언론사에 보냈다.

나는 우리가 눈에 띄는 보도자료를 어떻게 만들어내는지, 그리고 언론 노출은 어떻게 이루어지며 그 효과는 어떤지 클라이언트들에게 알리는 데 끊임없이 관심을 기울였다. CNN, 〈월스트리트 저널〉이나 〈포브스Forbes〉 같은 유명 언론사에 기사를 싣는 것은 어려운 일이다. 뉴스가 될 만한 이야깃거리를 찾아, 그것이 사람들의 시간과 관심을 끌 수 있는 이유를 밝혀주어야 한다. 여기에는 많은 준비가 필요하다. 각 매체마다 어떤 기사를 다루는지 조사하여 선호하는 기삿거리는 무엇인지 파악하고, 언론 조직의 생리를 이해하거나 보도 내용을 결정하는 사람들을 알아두어야 한다.

그래서 나는 복도에서나 사무실에서나 항상 직원들에게 물었다. "언론사 일은 어떻게 되고 있나요?" 그러면 많은 이들이 저명한 기자의 레이더망에 클라이언트의 이름을 올리기 위해 시도한 온갖 일들을 줄줄이 읊곤 한다. 그런데 그중 데이브라는 직원은 내가 정말 듣고 싶어 하는 것이 무엇인지 제대로 이해하고 있었다.

아주 중요한 고객사가 특별히 기대를 걸고 있는 프로젝트를 진행하고 있을 때였다. 복도에서 그를 마주쳤을 때 내가 물었다. "어떻게 되어가고 있나요?" 그가 대답했다.

"진전이 없습니다."

"진전이 없다"는 말이 무슨 뜻인지 나는 바로 알아들었다. 그가 말했다. "지금 당장 보고 드릴 수 있는 건 아무것도 없습니다. 제가 무슨 일을 하고 있는지에 대해서라면 하루 종일 말씀 드릴 수 있지만 그런 얘기는 관심도 없으시겠죠. 궁금하신 건 '제가 무엇을 해냈는가'일 겁니다."

그의 말이 맞았다. 내가 궁금한 건 바로 그것이었다.

상사들은 모든 업무의 세세한 진행 과정과 그동안 알아낸 정보에는 관심이 없다. 그러니 그들이 원하는 답만 간결하게 말하라. 상사들은 당신 업무의 *결과*가 궁금한 것이다. 어떤 사람들은 이를 말과 행동의 비율, 즉 당신이 *하는* 말과 *해낸* 일의 관계라고 말한다.

내 딸 모니카는 대학교 3학년 때 브라질에서 인턴 생활을 했다. 스테이플스Staples나 오피스맥스 온라인OfficeMax online과 아주 유사한 신생 사무용품점이었다. "약속만 남발하고 지키지 않는 것보다는 말은 적게 하고 적극적으로 움직이는 게 정말 중요하다는 걸 알았어요. 내가 이루고 싶은 일에 대해 몇 시간이고 떠들어댈 수도 있지만 정작 할 수 있는 일은 그중에 한두 가지뿐이더라고요."

모니카는 계획에 대한 이야기를 줄이는 대신 더 많은 계획을 실천했다. 말한 것보다 한 발짝 더 나아간 모습을 보여주는 것이 언제나 더 효과가 좋았다고 말했다.

"그랬더니 더 많은 업무와 권한과 인정을 받았어요." 말 대신 행동으로 옮기는 것, 모니카는 그 적정한 비율을 깨달았다.

업무 보고를 할 때에도 핵심만 말하라. "제가 하고 있는 일은 이렇고 마무리한 일은 이렇습니다." 나머지는 결과가 말해줄 것이다.

시간, 가장 비싼 원자재

잔디깎이 기계와 제설기 제조업체 애리엔스 컴퍼니Ariens Company의 CEO 댄 애리엔스Dan Ariens는 생산설비 및 경영관리 절차를 레터지 1쪽에 정리한다. 최대 10가지 항목으로 요약해 약간의 설명을 덧붙이면 충분한 분량이다.

애리엔스 컴퍼니는 린 식스 시그마Lean Six Sigma(제조설비 및 생산공정을 최적화하여 생산비용을 낮추고 생산성을 높이는 린 생산방식과 정량적인 제품 평가 및 전문인력 양성 등을 통해 품질을 혁신적으로 개선하여 비용 절감 및 고객 만족을 실현하는 식스 시그마 경영 전략의 장점을 통합한 기법)를 도입하여 조직의 자원 및 인력 낭비를 최소화하였다. 그리고 그들의 간결한 의사소통 또한 린 생산방식의 일부다.

"급여 장부 작성이든 인사관리나 생산공정이든 각각의 작업 지침이 있습니다. 이 또한 모두 1쪽이면 됩니다. '급여 장부 작성시/인사관리부에서/4번 조립라인이 지켜야 할 표준 작업 지침은 다음과 같다.' 간결하고 정확하게, 반드시 지켜야 할 지침에만 초점을 맞추는 거죠."

표준 작업 지침을 수정하고 싶은 사람이 있다면, 그 또한 자신의 의견을 1쪽 분량으로 적으면 된다. "그림 하나를 그려도 좋고, 딱 한 문장만 써도 됩니다. 관리자의 승인을 받으면 그 즉시 해당 부서에 적용하죠. 이 모든 게 1시간이면 끝나는 일입니다. 그림이든, 쉬운 단어 몇개든, 짧은 문장이든 상관없습니다. 한 가지 변화를 위해 두꺼운 책을 쓸 필요는 없으니까요."

짧은 문장 덕분에 애리엔스는 전체 공정의 현황을 매일 확인할 수 있다. "제가 공장을 한 바퀴 둘러보는 동안 각 작업라인에서는 생산과정 및 일정에 차질이 없는지 보고합니다. 손으로 써서 주면 걸어가면서 읽는 거죠. 손 글씨가 좋습니다. 빠르고 쉬우니까요. 꼭 공유해야 할 내용이 있다면 누구든 그때그때 적어주면 됩니다. 그러면 1시간 안에 각 생산라인에 전달하여 바로 실행에 옮깁니다."

간결함의 맛
적을수록 좋다.

1쪽짜리 작업 지침은 누구나 자신의 직무를 쉽게 이해하고, 변경된 사항을 바로 수행할 수 있게 해준다. 애리엔스는 이 규칙을 자신의 사무실에서도 똑같이 실천한다.

"전략 계획서 역시 1쪽으로 정리합니다. 한 가지 전략에 그 이유와 목적을 한두 문장으로 적은 것이죠."

간결함의 원칙을 엄격히 지키는 그는 준비되지 않은 대면 보고를 견디지 못한다. 그러니 여타 일반적인 회의는 더구나 참기 힘든 고역이다. 안건을 규정하는 데만 기나긴 시간을 쓰고, 했던 말을 반복하는 사람들로 가득 차 있는 회의들을 두고 애리엔스는 불만을 토로했다.

"정말 소모적인 일입니다." 그는 첫 문단이나 첫 문장만 들어도 준비를 미리 해왔는지 아닌지 알아볼 수 있다고 했다. "정확하고 일관성 있는 업무 지침과 집중력 있게 문제를 해결해 나가는 태도가 필요하죠."

애리엔스는 길게 늘어진 회의를 만드는 2가지 실수를 지적했다. "자기 의견에 자신이 없으면 말하는 동안에 정답을 발견하려고 듭니다. 자신의 이야기에 동조해줄 사람을 찾는 거죠. 누군가 고개를 끄덕이면서 옳다고 해줄 때까지 계속 말을 늘어놓는 겁니다. 반면에 자기 의사에 확신을 가진 사람은 바로 핵심부터 짚어냅니다."

모든 회의를 1쪽으로 줄여보라. 끝없이 이어지는 말을 듣고 싶은 사람은 없다.

애리엔스는 또한 끝도 없고, 의미도 없는 회의를 조장하는 사내 정치를 두고도 불만을 표했다. "그 자리의 모두가 자신의 이야기를 들어주길 바라는 사람들이 있습니다. 회의석상을 쥐락펴락하면 사내 여론도 주도할 수 있고, 자기 세력도 공고히 할 수 있다고 생각하는 거죠.

정말 허황한 기댑니다. 다들 '알았어요, 알았어. 그런데 이제 좀 다음 이야기로 넘어가면 안 됩니까?'라거나 '다른 사람 의견도 좀 들어보고 싶군요'라고 대꾸하고 싶을 테니까요. 그러면서 정작 누군가 몇 가지 질문을 던지거나 데이터를 요구하면, 원하는 답변은 내놓지 못하고 그냥 얼버무리고 맙니다.

저에게 가장 중요한 원자재는 바로 시간입니다. 그걸 함부로 다루면 화가 좀 나죠."

나는 왜 여기 있는가?

USG 코퍼레이션USG Corporation의 CEO 짐 멧커프는 지난 몇 년 동안 사람들에게 회의나 보고를 시작하기 전에 목적부터 알려달라고 요청했다.

"어느 날 회의만 연달아 하고 집으로 돌아오는데 이런 생각이 들었습니다. '오늘 한 게 아무것도 없네.' 성과도, 효용도 없는 하루를 보낸 거죠. 회의는 무수히 많이 하는데, 할 때마다 이런 의문이 듭니다. '내가 지금 왜 여기 있는 거지?'라고 말이죠."

멧커프는 대면 보고가 자신의 귀중한 시간을 갉아 먹고 있다는 사실을 깨달았다. 사람들은 결정을 내리기 위해서가 아니라 그저 상황을 설명하기 위해 보고를 했다. 전화로도 충분한 이야기조차 그들은 직접 만나서 알려주겠다고 고집하여 그의 시간을 허비했다.

"전 회의가 싫습니다. 뚜렷한 목적을 가지고 사람을 만나는 건 좋지 핵심 메시지에는 숫자를 붙여 말하라.

신참 시절, 나의 멘토 중 하나는 누구보다 성공했지만 겸손을 잃지 않는 퇴직 기자였다. 성공과 겸손이라니 배울 점이 많은 완벽한 조합이었다.

클라이언트와 동부 해안의 언론사 방문 홍보를 준비하는 동안 우리는 그에게 언론사 인터뷰를 대비해 조언했다. 그 중 멘토가 클라이언트에게 해준 핵심 조언은 메시지에 '숫자 표시'를 하면 그때부터 기자가 메모를 하거나 주목하리라는 것이었다.

숫자 표시란 당신이 전달하고자 하는 핵심 아이디어에 번호를 매기는 것이다. 나의 멘토는 클라이언트에게 "기억해야 할 중요한 3가지는…"이라고 말하는 순간 기자가 마법처럼 관심을 보일 것이라고 말했다.

이것이 사람들의 관심을 끌고 나가는 강력한 방법이다. 짧은 목록으로 걸러낸 정보를 조직하고 전달하라.

숫자 표시의 장점 3가지는,

- **논리적이고 간단한 표현이 가능해진다.** 그래서 당신은 물론 청중도 이야기의 흐름을 따라가기가 쉽다.

- **균형과 질서를 잡아준다.** 여러 가지 핵심 메시지를 고르게 강조할 수 있다. 또한 상대가 얼마나 들어야 하는지, 당신이 얼마나 이야기할 것인지를 분명히 예상할 수 있다.
- **듣는 사람의 집중력을 유지할 수 있다.** 전체 이야기에서 어디쯤 와 있는지 알면 관심의 끈이 느슨해지지 않는다.

만 회의를 위한 회의는 싫습니다.”

그는 짧은 회의를 더 좋아한다. 가능하면 간략하게 요약만 하고 지지부진하게 오래 끌지 않으려 한다. 그는 사람들이 회의를 시작하면서 목적을 분명히 밝혀주길 바란다. 정보 전달을 위한 회의라거나 결정을 내려야 할 회의라거나 하는 식으로 말이다.

“저는 1쪽짜리 보고서를 좋아합니다. 사람들이 그렇게 줄이는 걸 힘들어해서 늘 그렇게 받을 수는 없지만요. 그렇지만 보고서가 1쪽을 넘어가면 관심이 급격히 줄어듭니다. 1쪽짜리 문서를 받으면 시간도 절약할 수 있고, 주주들의 요구에 더 집중할 수 있습니다.”

멧커프는 모든 회의에서 같은 질문을 던진다. “내가 이 자리에 왜 필요합니까?”

“제시간에 회의를 시작해 한 가지 안건에만 집중합니다. 어떤 회의든 1시간을 넘으면 안 된다고 생각해요. 누군가가 지각하면 문을 잠그거나 의자를 아예 빼버리기도 합니다.”

회의를 간략하게 하려면 누가 언제 이야기할지 지정하고, 대화 흐름을 통제해야 한다. 멧커프는 누군가 혼자서 시간을 너무 많이 잡아먹으면 불쑥 끼어든다. 불필요한 대화가 길게 이어지더라도 이 정도면 됐다 싶을 때에는 감사 인사를 한 후 그곳을 떠난다. 누구도 필요 이상의 시간을 쓰지 못하게 한다. 간략하지 않으면 떠나버리는 것이다.

게다가 멧커프는 근무 시간 중에 사람들이 들이닥치는 시간도 관리한다. 누군가 찾아오면 그는 자리에서 바로 일어나 선 채로 이야기를 나눈다.

“누군가가 찾아와 다리를 꼬고 자리를 잡으면 그 사람의 여름휴가 계획까지 들어야 할 수도 있죠. 그래서 저는 사무실에 있을 때에는 일어선 채로 간략하게 대화를 나눕니다. 그러고는 그들을 문 앞까지 배웅하는데, 사람들은 제가 자신의 말을 통제했다는 사실을 알아차리지도 못합니다."

이렇게 직접적이고 단순한 제스처만으로도 '간결함이 업무의 일부'라는 분명한 신호를 보낼 수 있다.

한마디로, 메시지를 압축하여 상대가 긍정적으로 생각하고 제대로 이해할 수 있게 하라.

✔ 말을 줄이는 효과적인 방법

말을 줄일 수 있는 탁월한 방법 한 가지는 기자처럼 행동하는 것이다. 시카고 라디오의 노련한 기자인 찰리 마이어슨Charlie Meyerson은 대화를 인터뷰처럼 생각하라고 제안한다. "준비하십시오. 그 대화에서 무엇을 얻고 싶은지 미리 생각해보세요. 좋은 인터뷰에서는 종종 예상치 못한 사실이 드러날 때가 있습니다. 상대의 말을 주의 깊게 듣다 보면 사전에 준비하지 않았지만 시의적절한 질문을 발견할 수 있습니다."

Part 4

간결함의 원칙

실행

금연이나 다이어트 목표처럼 장황한 말버릇으로 언제든 되돌아갈 수 있다는 사실을 절대 잊지 말자. 누구나 간결하고 명확한 의사소통의 기술을 갈망한다. 간결한 소통의 기술에 통달하고 싶다면 현실적이고 개인적인 실행 계획을 세워야 한다. 군살 없는 의사소통을 왜, 어떻게, 언제, 어디서 해야 하는지는 이해했으니 이제는 '적을수록 좋다'는 말을 실현할 수 있는 몇 가지 TIP[진실(truths), 의미(implications), 계획 및 연습(plans/practices)]을 알아보자.

4부에서는 마음 깊이 새겨두어야 할 간결함의 원칙을 소개한다. 몇 번씩 읽어보고 그중 눈에 띄는 것, 즉시 효과를 볼 수 있는 항목을 골라보자.

주목하라

: 숨어 있는 600단어(부주의할수록 쉽게 드러나는 과잉 두뇌 활동)를 관리하라. 그것이 당신의 책무다

1. **진실** : 범람하는 정보 속에 파묻힌 우리 모두는 쉽게 산만해진다.
2. **의미** : 당신은 사람들의 관심을 관리해야 한다. 즉 그들이 당신의 이야기를 잘 듣고 이해할 수 있도록 말하라.
3. **계획 및 훈련**

   ① 5분 동안 리얼리티 TV 쇼를 보면서 그 시간 동안 숨어 있는 600단어와 함께 지나간 모든 생각을 옮겨 적거나 녹음기에 남겨라.
   ② 사람들과 대화를 나눌 때 상대의 숨어 있는 600단어가 언제 어디서 새어나오는지(언제 딴생각을 하는지) 살펴보라.

왜, 왜, 왜?

: 이유를 빨리 밝히고 다시 밝혀라

1. **진실** : '왜?'는 우리가 의사소통할 때 자주 빠뜨리는 가장 중요한 질문이다.
2. **의미** : 당신의 이야기가 왜 중요한지를 밝히지 않으면 사람들은 그 말을 결코 알아듣지 못한다.

3. 계획 및 훈련

① 중요한 이메일을 보낼 때에는 우선 그것이 왜 중요한지 한 문장으로 정리하여 밝혀라.

② "이것이 중요한 이유는…"이나 "왜냐하면…" 또는 "이런 말씀을 드리는 이유는…"으로 시작하는 마음속 경보장치를 자주 울려야 한다.

구상하라
: 말을 하기 전에 무슨 말을 할지 종이에 적어서 준비하라

1. 진실 : 이야기의 흐름은 시작하기 전부터 명명백백해야 한다.

2. 의미 : 핵심 메시지는 무엇이고, 꼭 필요한 세부사항은 무엇인지 큰 줄거리를 구상하라.

3. 계획 및 훈련

① 전화 통화를 하기 전에 상대에게 전하고자 하는 서너 가지 핵심 메시지를 결정하고 그 연관성을 생각하라. 통화하는 내내 그 흐름을 지켜라.

② 1달이나 1분기 동안 사용할 브리프맵과 내러티브맵을 정리하고 이를 가지고 다녀라. 출력해서 한 묶음으로 만들면 편리할 것이다.

③ 이 책에서 배운 점을 정리하고 그것이 당신에게 어떻게, 왜 도움이 되었는지를 사람들에게 설명하라.

헤드라인을 써라

: 분명히, 직접적으로, 빨리 말하라

1. **진실** : 당신의 진짜 의도를 파악하는 데 에너지를 쓰고 싶어 하는 사람은 아무도 없다.
2. **의미** : 헤드라인을 미리 밝히고, 그 방향에 맞춰 말을 마무리하라.
3. **계획 및 훈련**

   ① 신문이나 잡지를 읽을 때 눈길을 사로잡는 헤드라인을 표시하고, 그것이 왜 당신을 사로잡았는지 적어보라.

   ② 다음번에 누군가가 당신에게 상투적인 질문(가령 "주말에 뭐했어요?")을 던지면 30초 정도를 들여 헤드라인을 만들어 말하고 나머지 30초 동안에 보충해서 설명하라.

   ③ 샘 혼Sam Horn의 《설득의 언어, 엘리베이터 스피치POP!》등 관련 책을 찾아 읽고 자신의 아이디어를 빛나게 할 방법과 깊은 통찰력을 배워보라.

시간을 들여 가다듬어라

: 생각 난 것을 반드시 말할 필요는 없다

1. **진실** : 활발한 정신이 재빠른 입의 엔진이 되어서는 안 된다.
2. **의미** : 머릿속에 떠오르는 대로 말하고 싶은 욕구를 자제하라.
3. **계획 및 훈련**

① 동료나 친구와 함께 그가 좋아하는 책이나 영화에 대해 이야기할 때 그중 뺄 수 있는 세부 내용은 얼마나 되는지 마음속으로 헤아려보라. 물론 질문을 던질 수 있는 여지는 남겨놓자.

② 두 사람에게 개인적인 이야기를 해보자(내 인생 최고의 공연, 절친한 친구나 배우자를 어떻게 만나게 되었는지 등). 한 사람에게는 세세한 모든 사실까지 다 얘기하고 다른 한 사람에게는 중요한 사실만 말해보라.

③ 이메일이나 유튜브에서 당신이 최근에 읽거나 찾은 20개의 목록을 확인해보자. 그중에 "너무 김, 읽지 않음" 또는 "너무 김, 보지 않음"은 얼마나 되는지 알아보자.

유심히 들어라
: 적극적 경청은 중요한 소통 기술이다

1. **진실** : 효과적으로 소통하려면 훌륭한 청자가 되어야 한다.
2. **의미** : 상대의 말을 유심히 들으면 그 사람에게 무엇이 중요한지 알 수 있고, 그들의 관심과 집중력도 유지할 수 있다.
3. **계획 및 훈련**
   ① 3번의 회의에 참석한 뒤 3가지 주제를 즉시 떠올릴 수 있는지 살펴보라.
   ② TED 강연을 찾아보면서 직접 들은 내용과 거기에서 유추할 수 있는 내용을 짧게 정리해보자.

프레젠테이션하지 마라

: 연설이나 독백 대신 개인적이면서도 전문적인 대화를 이끌어나가라

1. 진실 : 일방적인 이야기를 오랜 시간 듣고 싶은 사람은 아무도 없다.

2. 의미 : 형식을 갖추어 프레젠테이션해야 할 때는 사람들의 적극적인
참여를 유도하라.

3. 계획 및 훈련

① 프레젠테이션이 끝난 뒤 청중에게 들은 내용을 3가지 항목으로
정리해 제출해달라고 요청하라. 그들의 피드백과 당신의 기존 구
상이 어떻게 다른지 비교해보라.

② 파워포인트를 만들 경우, 그 절반 정도에는 강력한 시각 자료나
일화를 곁들여 말하라.

③ 유튜브에서 '효과적인 의사소통'에 대한 프레젠테이션을 찾아
그중에서 가장 길고 매력 없는 동영상을 하나 선택하라. 그것을
끝까지 재생시켜 보아라.

숫자 3의 힘을 활용하라

: 핵심 메시지를 3가지로 나누어라

1. 진실 : 사람들은 언제든 내 말을 제멋대로 해석할 수 있다.

2. 의미 : 핵심 메시지에 번호를 매겨 말하면 내용을 간략히 정리하고,
주의를 환기하며, 이야기의 균형을 잡아준다. 다른 해석의 여지가

없어진다.

3. 계획 및 훈련

① 온라인에서 3명의 인물이 등장하는 재미있는 농담을 찾아보라
(되도록 깔끔한 것이 좋다). 이 농담을 세 사람에게 들려주어라.

② 휴가나 휴일에 일어난 기억에 남는 사건 3가지를 생각해보라. 이
를 정리해 적어두고, 다음에 누군가가 물어보면 이야기해주어라.

말하면 된다
: 진심을 드러내는 당신만의 언어로 간단하게 전하라

1. 진실 : 비즈니스 용어를 늘어놓으면 사람들은 당신의 말을 듣지 않
을 것이다.

2. 의미 : 비즈니스 용어를 사용하면 의미가 불분명해지고 핵심에 이르
기까지 오래 걸린다.

3. 계획 및 훈련

① 집에서도 직장에서 회의할 때처럼 말해보고 아이들과 가족이 당
신을 얼마나 이상하게 쳐다보는지 확인하라. 반대로 직장에서는
주말에 친구나 가족에게 하듯이 일상적인 언어(전문용어 없이)로
말하라.

② 직장인들이 어떻게 말하는지 유심히 듣고 무의미한 비즈니스 용
어를 적어보라. 그리고 '금지어' 목록을 만들어라.

③ 존경하는 사람을 찾아 당신에게 그가 어떤 의미인지 개인적으로

말하거나 글로 써서 전달하라. 격식은 갖추지 마라. 그저 머릿속에 떠오르는 대로 1분 안에 말하라.

절반으로 잘라내라
: 시간이 얼마나 남았든 무조건 줄여라

1. **진실** : 바쁜 사람들은 회의가 예상보다 빨리 끝나서 시간을 '돌려받으면' 당신의 진가를 알아준다.
2. **의미** : 할당된 시간을 남겨놓고 끝내든 꽉 채워 끝내든 결과는 똑같다.
3. **계획 및 훈련**
   ① 할당된 시간의 반만 사용하라.
   ② 보낸메일함을 열어서 당신이 쓴 긴 이메일을 찾아 반으로 줄여보라.

이미지를 제시하라
: 사람들이 시각적인 이미지를 떠올릴 수 있도록
실화나 가상의 사례를 들려주어라

1. **진실** : 요즘 사람들은 대부분 시각적으로 생각한다.
2. **의미** : 핵심을 분명히 보여줄 수 있는 창조적인 이미지를 제공해야 한다.

3. 계획 및 훈련

① 회의나 프레젠테이션을 시작할 때 짧은 이야기나 일화를 곁들여라.

② 댄 로암Dan Roam이 쓴《생각을 말하는 사람 생각을 그리는 사람 Back of the Napkin》을 읽고 그림이나 다이어그램의 사용법을 배워보자.

③ 가르 레이놀즈Garr Reynolds가 쓴《프리젠테이션 젠Presentation Zen》을 읽고 더 나은 파워포인트 사용법을 알아보자.

잠깐 쉬어라
: 말을 멈추고 대답하거나 논평하거나 질문할 시간을 가져라

1. **진실** : 사람들은 언제 어떻게 말을 멈춰야 하는지 모른다. 특히 할 말이 많을 때 더욱 그렇다.

2. **의미** : 잠깐 쉬었다 말하면 다른 사람들이 참여하기가 더 쉬워질 뿐 아니라 그들이 관심을 보이는지, 잘 따라오는지도 파악할 수 있다.

3. **계획 및 훈련**

① 다음 회의에서는 처음 또는 마지막에 말하는 사람이 되지 마라.

② 사람들이 중간에 끼어들면 자리를 내어주어라. 어찌됐든 그들은 당신의 말을 듣지 않는다. 그저 자신이 말할 차례만을 기다리고 있다.

③ 결론이 날 때까지 이야기하지 마라. 말을 멈추고 누군가 말할 때까지 침묵을 지켜라.

파워포인트는 사용하지 마라

: 준비한 PPT는 제쳐두고 하고자 하는 말만 하라

1. **진실** : 파워포인트 슬라이드에 지나치게 집착하면 자연스럽지 못하고 장황해질 수 있다.

2. **의미** : 파워포인트를 포기할 수 없다면 결코 명확하고 간결해질 수 없을 것이다.

3. **계획 및 훈련**

　① 프레젠테이션 중간에 파워포인트 없이 말해도 되는지 물어보라.

　② 브리프맵을 준비한 뒤 그것을 열심히 외우고, 이를 바탕으로 누군가(동료나 고객)와 각기 다른 3가지 대화를 나누어라. 단 브리프맵은 손이 닿지 않는 곳에 두자. 대화가 끝난 뒤 당신이 한 말을 브리프맵과 비교해보라.

지나치게 복잡해지지 마라

: 순조롭게 진행되고 있다면 반드시 말을 짧게 잘라라

1. **진실** : 당신이 너무 재미있어서 참을 수 없다고 느끼는 순간, 끝날 시간은 이미 훌쩍 지난 뒤다.

2. **의미** : 상대가 더 원하게 만들고 싶으면 말을 줄여야 한다.

3. **계획 및 훈련**

　① 누군가에게 당신의 개인적 열정이나 취미에 대해 말하라. 단 쉬지

말고, 상대가 끼어들지도 못하게 하면서 30초를 넘기지는 마라.

② TED 강연을 보면서 발표자의 핵심을 이해하기까지 얼마나 걸리
   는지 시간을 재보라. 그리고 발표자가 어느 시점에 말을 멈추었
   는지도 헤아려보라.

상대방을 피곤하게 만들지 마라
: 듣기 쉽고 이해하기 쉽게 모든 필수 요소를 논리적으로 조직하라

1. **진실** : 크리스마스이브에 장난감이나 자전거를 조립하고 싶은 사람
   은 아무도 없다. 닥치는 대로 내던진 단어와 생각을 조립하고 싶은
   사람은 더구나 없다.

2. **의미** : 상대가 쉽게 받아들일 수 있도록 적절한 수준의 보충 설명과
   상세 정보를 제공하라.

3. **계획 및 훈련**

   ① 매일같이 개요 작성을 연습하라. 업무 보고나 회의를 할 때, 중요
      한 이메일을 쓸 때 이를 활용하라.

   ② 하루 동안 가장 중요한 1단계 필수 요소만 전달하라. 그다음으로
      중요한 2단계 보충 설명은 가끔씩만 덧붙이고, 3단계 불필요한
      내용은 모두 피하라.

   ③ 토크쇼를 보면서 게스트가 말한 3단계 불필요한 내용을 모두 받
      아 적어보라.

맛보기부터 준비하라

: 처음부터 진수성찬을 차리지 마라. 우선 짧게 요약해 말하면서 청중의
입맛을 떠보아라

1. **진실** : 양보다 질이 더 중요하다.
2. **의미** : 사람들이 잘 이해하고 있다고 말하지 않는 한 그들이 잘 따라
   오는지 알 수 없다.
3. **계획 및 훈련**

   ① 다음번에 업무상 전화 통화를 할 때에는 메모를 하고 브리프맵
   요약본을 준비하여 상대에게 2분 이내에 말할 수 있도록 하라.

   ② 내러티브맵을 활용하여 당신이 좋아하는 책이나 영화를 요약해
   보라. 이를 누군가에게 5분 안에 들려주고, 그 책이나 영화를 실
   제로 보는지 확인하라.

당신이 신경 쓰지 않으면 누구도 신경 안 쓴다

: 당신이 열정적으로 말하지 않으면 누구도 듣지 않는다

1. **진실** : 농담을 잘하는 사람들은 자신도 말하면서 낄낄거린다.
2. **의미**: 모든 것을 바칠 각오를 해야 한다.
3. **계획 및 훈련**

   ① 함께 일하는 사람이나 개인적으로 아는 누군가에게 가장 기억에
   남는 어린 시절 추억이 무엇인지 물어보고 그가 그 이야기를 하

면서 얼마나 흥분하는지 알아보라. 그가 원하는 만큼 이야기할
수 있도록 시간을 주어라.

② 일을 하면서 당신에게 큰 영향을 미친 사람에게 전화를 걸어 감
사의 마음을 전하라.

판매보다는 이야기!
: 사람들은 무언가를 구입하는 건 싫어하지만 이야기는 좋아한다

1. **진실** : 이해하지도 못한 것을 사라는 설득을 받을까 봐 두려워할 때
부터 구매자는 후회한다.

2. **의미** : 견고한 내러티브의 구성 요소를 재발견하고 가능할 때마다
상대에게 이야기를 들려주어라.

3. **계획 및 훈련**

① 당신과 당신의 회사가 하는 일을 설명할 3가지 성공담을 구축하
고 다음번에 누군가 당신이 하는 일에 대해 물어보면 그중 하나
를 이야기하라.

② 누군가에게 최고의, 또는 최악의 판매 경험에 대해 물어보라. 그
가 하는 말을 적극적으로 듣고 정리한 뒤 나중에 그 이야기를 다
른 사람과 나누어라.

그게 나와 무슨 상관인가? 언제나 보상이 있어야 한다
: 그 보상이 무엇인지 알고 그것을 건네라

1. **진실** : 누군가의 말을 들으면서 끊임없이 '이게 나에게 무슨 쓸모가 있는가?'라는 의문을 갖는 것은 자연스러운 현상이다.
2. **의미** : 마지막에 결정적인 한마디로, 또는 시작할 때 헤드라인으로 보상을 제시해야 한다.
3. **계획 및 훈련**
   ① 농담을 던진 뒤 웃음을 자아내는 광경을 편안히 바라보라.
   ② 이메일을 쓰기 전에 항상 물어보라. 이 이메일이 받는 사람과 무슨 상관인가? 왜 그가 이 글을 읽어야 하는가? 그 이유를 이메일에 함께 적어 넣어라.

간결하고 명확하게 하라
: 성공이란 절제를 뜻한다

1. **진실** : 간결함은 상대에 대한 존중이며 언제나 긍정적인 반응을 불러일으킨다.
2. **의미** : 더 큰 효과를 보고 싶으면 듣는 사람 앞에서 말을 줄여라.
3. **계획 및 훈련**
   ① 연습하고 연습하고 또 연습하라. 여기서 제시한 TIP 중 적어도 3가지는 받아들이고 적어두어라.

② 사람들에게 자신의 책임을 다하기 위해 이 책을 읽고 있다고 말
　하라.
③ 간결함의 모범이 되어 간결함이 퍼져 나가는 광경을 지켜보라.

　지금까지 간결함에 대한 통찰력을 얻기 위해 시간과 주의를 기울여
준 독자 여러분께 감사 드린다. 나는 이 책에서 나눈 바를 가르치고 알
리면서 일어나는 변화를 늘 목격하고 있다. 간결함을 매일같이 실천
할 때 당신에게도 그 효과가 나타날 것이다.

　더 나아져라. 더 간결해져라.

감사의 글

아내와 아이들에게《브리프》라는 책을 쓴다고 말하자 농담이 쏟아졌다. 친구와 친척 들 역시 10쪽이면 끝나는 책 아니냐고 입을 모아 말했다. 하하, 지금 생각해도 웃긴다.

모두에게, 특히 끝없는 사랑과 지원을 아끼지 않은 아내에게 고맙다고 말하고 싶다. 가까운 사람들의 격려도 큰 힘을 주었다.

이 책을 쓰는 동안 동료와 고객, 가까운 지인 들과 깊이 있는 대화를 나누었다. 그들은 자신의 생업을 제쳐두고 나를 도와주었고, '적을수록 좋은' 세상이 실현 가능하다는 확신을 주었다. 특히 조니, 앤절로, 앤절라, 메건은《브리프》의 뼈대를 세우는 데 더할 수 없이 큰 도움을 주었다.

셰필드의 메이건과 조이스, 그리고 존 와일리 앤드 선스John Wiley & Sons 출판사의 크리스틴 무어 덕에 불필요한 말을 싹 걷어낼 수 있었다. 그들의 성실하고도 단호한 편집이 훨씬 더 좋은 책을 만들어주었다.

지금까지 만난 고객들의 이야기에는 그들의 통찰력과 실수, 성공과 실패가 담겼다. 그러나 개인적인 비밀은 지키고 민감한 문제는 언급하지 않도록 조심했다. 특히 특수작전 부대에 몸담은 이들의 이름과 성은 가명을 사용하였다.

마지막으로 인터뷰에 기꺼이 응해주신 모든 분께 가슴 깊이 감사드린다. 정말이지 이 책은 우리 모두에게 큰 도움이 될 것이다.

참고문헌

Horn, Sam. *POP! Create the Perfect Pitch, Title, and Tagline for Anything.* New York : Penguin, 2006.

Lankow, Jason, Josh Ritchie, and Ross Crooks. *Infographics : The Power of Visual Storytelling.* Hoboken, NJ : John Wiley & Sons, 2012.

Reynolds, Garr. *Presentation Zen : Simple Ideas on Presentation Design and Delivery,* 2nd ed. Berkeley : New Riders, 2012.

Roam, Dan. *The Back of the Napkin : Solving Problems and Selling Ideas with Pictures,* expanded ed. New York : Penguin, 2013.

Rock, Davod. *Your Brain at Work : Strategies for Overcoming Distraction, REgaining Focus, and Working Smarter All Day Long.* New York : HarperCollins, 2009.

Scott, David Meerman. *The New Rules of Marketing & PR : How to Use Social Media, Online Video, Mobile Applications, Blogs, News Releases, and Viral Marketing to Reach Buyers Directly,* 4th ed. Hoboken, NJ : John Wiley & Sons, 2013.

Sinek, Simon. *Start with Why : How Great Leaders Inspire Everyone to Take Action.* New York : Penguin, 2009.

Smiciklas, Mark. *The Power of Infographics : Using Pictures to Communicate and Connect with Your Audiences.* New York : Que, 2012.

Sommers, Corey, and David Jenkins, *Whiteboard Selling; Empowering Sales through Visuals.* Hoboken, NJ : John Wiley & Sons, 2013.

Strunk Jr., William, and E. B. White, *The Elements of Style,* 4th ed. New York : Longman, 1999.

주

| chapter 02 |

1. Atlassian Infographic, https://www.atlassian.com/time-wasting-at-work-infographic.

2. Mary Meeker and Lian Wu, "2013 Internet Trends", Internet Trends D11 Conference, Kleiner Perkins Caufield & Byers, 2013, www.kpcb.com/insights/2013-internet-trends.

3. James E. Short and Roger E. Bohn, "Measuring Consumer Information", University of California, San Diego, 2012, ijoc.org/index.php/ijoc/article/download/1566/743.

4. Ibid.

5. Sara Radicati, "Email Statistics Report 2013~2017", Palo Alto : Radicati Group, 2013, http://www.radicati.com/wp/wp-content/uploads/2013/04/Email-Statistics-Report-2013-2017-Executive-Summary.pdf.

6. Oriana Bandiera, Luigi Guiso, Andrea Prat, and Raffaella Sadun. "What Do CEOs Do?", Cambridge : Harvard Business School Working Paper 11-081, 2011. www.hbs.edu/faculty/Publication%20Files/11-081.pdf.

7. Neil Vidyarthi, "Attention Spans Have Dropped from 12 Minutes to 5 Minutes ? How Social Media is Ruining Our MindsInfographic", *SocialTimes*, 2011, http://socialtimes.com/attention-spans-have-dropped-from-12-minutes-to-5-seconds-how-social-media-is-ruining-our-minds-infographic_b86479.

8. David Rock, *Your Brain at Work*, New York : HarperColllins, 2009, www. advancedge.com/articles/success_street_july2013_3.php.

9. Glenn Wilson, "HP Guide to Avoiding Info-Mania", Palo Alto : Hewlett-Packard, 2005, http://demo.ort.org.il/clickit2/files/ forums/920455712/548653262.pdf.

10. Eyal Ophir, Clifford Nass, and Anthony D. Wagner, "Cognitive Control in Media Multitaskers", PNAS vol.106 no.37, 2009, http://www.pnas.org/ content/106/37/15583.

11. Adam Gorlick, "Media multitaskers pay mental price, Stanford study shows", Stanford News Service, 2009, http://news.stanford.edu/news/2009/august24/ multitask-research-study-082409.html.

12. CubeSmart, Inc., "Social Interruption and the Loss of Productivity", 2002, http://interruptions.net/literature/CubeSmart-productivity-wp1.pdf.

13. Gloria Mark, Victor M. Gonzalez, and Justin Harris, "No Task Left Behind? Examining the Nature of Fragmented Work," CHI 2005, 2005, https://www. ics.uci.edu/~gmark/CHI2005.pdf.

14. Jonathon B. Spira and Joshua B. Feintuch, "The Cost of Not Paying Attention : How Interruptions Impact Knowledge Worker Productivity", New York : Basex, Inc., 2005, http://emailtiger.com.au/storage/Basex%20Cost%20Of%20 Not%20Paying%20Attention%20Report.pdf.

15. Nicholas Carr, *The Shallows: What the Internet Is Doing to Our Brains*, New York

: W. W. Norton & Company, 2011.

16. Chao Liu, Ryen W. White, and Susan Dumais, "Understanding Web Browsing Behaviors through Weibull Analysis of Dwell Time", Proceedings of the 33rd International ACM SIGIR Conference on Reserach and Development in Information Retrieval, 379~86, New York : ACM, 2010.

17. Softpedia, "View Count Is Dropping and YouTube Couldn't Be Happier", 2012, http://news.softpedia.com/news/View-Count-Is-Dropping-and-YouTube-Couldn-t-be-Happier-269635.shtml.

18. Michael Clargo, *Meeting by Design : Harnessing the Potential of the Web to Revitalise Meetings*, Calgary, Canada : Tesseracts, 2012.

19. Carmine Gallo, "How to Run a Meeting Like Google", Bloomberg Business Week, 2006, www.businessweek.com/stories/2006-09-26/how-to-run-a-meeting-like-google.

| chapter 06 |

1. Brad Power, "How Marketing Can Lead Process Improvement", Harvard Business Review Blog, September 6, 2011. http://blogs.hbr.org/cs/2011/09/the_role_of_the_head_of_market.html.

| chapter 07 |

1. Chuck Frey, "How mind mapping software can help you with 'information triage'", Mind Mapping Software Blog, Dec. 18, 2008, http://mindmappingsoftwareblog.com/information-triage.

| chapter 08 |

1. "STEVE JOBS-2007 iPhone Presentation," YouTube video, www.youtube.com/watch?v=c_m2F_ph_uU.

| chapter 10 |

1. TJ McCue, "Why Infographics Rule", Forbes, 2013.1.8., http://www.forbes.com/sites/tjmccue/2013/01/08/what-is-an-infographic-and-ways-to-make-it-go-viral/.
2. HR.com, "Smart Draw 2010 Helps Businesses Harness the Power of Visual Communication", 2010.5.19., http://www.hr.com/SITEFORUM?&t=/

Default/gateway&i=1116423256281&application=story&active=no&ParentID
=1119278002800&StoryID=1274291062067&xref=http%3A//www.google.
co.kr/url%3Fsa%3Dt%26rct%3Dj%26q%3D%26esrc%3Ds%26source%3Dw
eb%26cd%3D1%26ved%3D0CBwQFjAA%26url%3Dhttp%253A%252F%2
52Fwww.hr.com%252Fhr%252Fcommunities%252Fsmart_draw_2010_helps_
businesses_harness_the_power_of_visual_communication__eng.html%26ei%3
DaPmyVOOUGYSE8gX1uYD4Bg%26usg%3DAFQjCNERM49oTGujECM
PrchLwFlcuxnzFw%26bvm%3Dbv.83339334%2Cd.dGc%26cad%3Drjt.

3. Mark Smiciklas, *The Power of Infographics : Using Pictures to Communicate and Connect with Your Audiences,* 2012, New York : Que.

| chapter12 |

1. Mary Meeker and Lian Wu, "2013 Internet Trends", Internet Trends D11 Conference, Kleiner Perkins Caufield & Byers, 2013, www.kpcb.com/insights/2013-internet-trends.

2. Michael Chui et al., "The Social Economy : Unlocking Value and Productivity through Social Technoligies", McKinsey Global Institute, 2012, www.mckinsey.com/insights/high_tech_telecoms_internet/the_social_economy.

나의 꿈은 다른 사람들이 책 한 권으로 할 말을
열 문장 안에 끝내는 것이다.

– 프리드리히 니체

간결한 소통의 기술

브리프

초판 1쇄 인쇄 2015년 2월 1일
초판 6쇄 발행 2017년 8월 16일

지은이 조셉 맥코맥 | **옮긴이** 홍선영 | **펴낸이** 신경렬 | **펴낸곳** (주)더난콘텐츠그룹

기획편집부 송상미 · 허승 · 이성빈 · 현미나 | **디자인** 박현정
마케팅 장현기 · 정우연 · 정혜민 | **관리** 김태희 | **제작** 유수경
교정교열 서희정 | **관리** 김태희 | **본문 그림** 최광렬

출판등록 2011년 6월 2일 제2011-000158호
주소 04043 서울특별시 마포구 양화로 12길 16, 더난빌딩 7층
전화 (02)325-2525 | **팩스** (02)325-9007
이메일 book@thenanbiz.com | **홈페이지** http://www.thenanbiz.com
ISBN 978-89-8405-798-2 03320